U0449246

学习36计

◎ 徐莹千 著

南方日报出版社
中国·广州

图书在版编目（CIP）数据

学习36计 / 徐莹千著 . -- 广州：南方日报出版社，2025.5. -- ISBN 978-7-5491-3047-4

Ⅰ . G782

中国国家版本馆 CIP 数据核字第 2025VP0145 号

学习 36 计
XUEXI 36 JI

◎ 徐莹千 著

出版发行：南方日报出版社
地　　址：广州市广州大道中 289 号
出 版 人：周山丹
策 划 人：柏沐芸
责任编辑：曹　星　黄敏虹
特约编辑：邵　晨
责任校对：符文达
责任技编：王　兰
插画绘制：谭　婷
装帧设计：柏露雪
经　　销：全国新华书店
印　　刷：长沙鸿发印务实业有限公司
成品尺寸：150 mm x 230 mm
字　　数：161 千字
印　　张：18
版　　次：2025 年 5 月第 1 版
印　　次：2025 年 5 月第 1 次印刷
定　　价：58.00 元

（如有印装质量问题，请与承印厂联系调换）

推荐序一

"两耳不闻窗外事,一心只读圣贤书""万般皆下品,唯有读书高""学而优则仕",读书求学被中国人视为最高尚、最能实现个人价值的途径。而时代发展至今,先不论古人的话是否正确,孩子们已然不可能"不闻窗外事",因为"窗外事"会主动跑进来让你听见、看见,然后引发思考。资讯如此庞杂,当代人实现个人价值的途径变多了,选择也变多了,然而多则惑,年轻人似乎更茫然了,中国家长也同样茫然。但有一件事依然明确:学习,仍然是我们探索世界、持续成长的核心能力,只是我们该如何跟电子产品、游戏争夺孩子们的时间呢?

当徐莹千老师将《学习36计》的书稿递到我手中时,我被其字里行间的力量震撼了。这本书里面剖析了电子产品、游戏为何会占据孩子们的时间、为何会牵引孩子们的注意力,家长又该如何思考和改变。在书中我看到的不仅是方法论的成功,更是一个母亲叩开孩子心门的全过程。

令我尤为动容的,是她对"失败"的坦诚。书中那段因为游戏与儿子产生的激烈争吵,让我想起自己初为人父时的笨拙与困惑,想起我在书店苦求养育答案的时光。教育者常囿于完美的桎梏,她却敢于将狼狈摊开,让千万家庭看见:真正的成长,始于卸下权威的铠甲,俯下身来与孩子并肩探索。

莹千老师身上有一种特质:既能以学者的严谨剖析问题,又能以母亲的温热体察人性。这本书,正是她将双重身份熔铸为教育智慧的结晶。这本书的珍贵,在于它既有大脑科学和神经科学的硬核支撑,又有36条锦囊妙计给出的具体指导,更重要的是还有亲子关系的情感温度。当多数人还在争论"游戏是敌是友"时,她已深入到游戏设计的底层逻辑,将那些令人沉迷的机制,淬炼成点燃学习动能的火种。

她不仅道破了游戏里的沉迷机制的奥秘,更揭开了传统教育中孩子容易被忽视的情感需求,帮助家长厘清令人头痛的手机和游戏问题来源在哪。从安全感、存在感、掌控感、成就感和价值感五种人们所需要的情感需求出发,给出36个具体方法,引导家长在陪伴孩子的成长过程中,对于那些过多牵扯孩子精力、干扰他们健康成长的事情,不是堵,而是疏,找到正确的方法,顺应孩子的成长规律,与孩子的天性共舞。

若你正为"手机争夺战"心力交瘁，为孩子的"躺平"焦虑不已，这本书或许能让你停下嘶吼、放下焦虑，引发一些新思考，听见另一种可能。

林青贤（字：恒辰）

2025 年 5 月 8 日

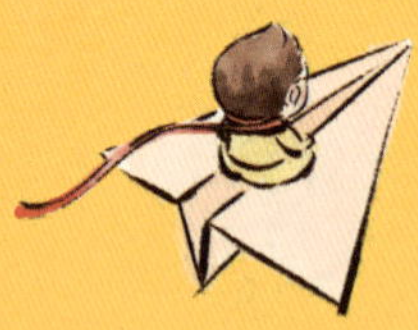

推荐序二

记得十一年前初识时,莹千老师还是一对三岁双胞胎男孩的母亲。她坚定地对我说:"蔡院长,我要成为亲子导师,站上舞台传播家庭教育理念,帮助更多父母掌握科学育儿方法!"后来,她的双胞胎儿子又长大了些,好像又有了新的困扰,也有了新的动力,她又说:"我要让中国的孩子摆脱对于手机的依赖,不再沉迷于游戏,协助孩子提升学习能力,让孩子面对作业不再拖延,用高效的学习方法轻松完成学业目标。"很高兴看到莹千老师新作《学习36计》出版,也更钦佩她投身教育的这份初心,至今未改。

莹千老师有着十几年的家庭教育经验,在家庭教育领域有着非常高的悟性和应用能力。这些年里,看到莹千老师不断学习成长,她的教育理念不仅停留在理论层面,更注重落地转化。其独创的"五感学习上瘾法"课程在平台播放量已突破26万次,足见其方法的普适性与影响力。而《学习36计》

一书，正是她多年经验凝练的集大成之作，此书的独特价值在于"可操作性"——家长只需按图索骥，便能将书中的策略转化为助力孩子提升学习效率的具体行动。

莹千老师是一位用自己的实践经验写书的老师，她研究孩子的心理需求以及帮助家长找到让孩子提升学习能力的原理，帮助更多的孩子度过学习生涯，找到提升学习能力的真相和规律！从2014年至今，莹千老师累计开展家庭教育讲座逾千场，主讲的父母专业课超200场，更在文化美学亲子营中担任主讲老师。她的课堂深入浅出，擅长将抽象的数学思维转化为趣味体验，真正激发孩子的学习内驱力。所到之处，无不受到家长与学生的热烈欢迎。

《学习36计》更大价值在于运用，看过了，学会了，试着运用起来，你就能收获效果！

愿每位翻开此书的朋友，都能在应用中见证孩子的蜕变，收获教育的真谛。

蔡郁芳

2025年5月

自序：从一场家庭冲突到教育智慧的觉醒

那是再普通不过的一天，却成了我职业生涯与母亲身份激烈碰撞的转折点。作为在家庭教育行业深耕数年的工作者，我曾在无数讲座中侃侃而谈"如何预防孩子沉迷手机"，却从未想过，我也会手足无措地去面对两个因游戏失控的儿子。这对让我骄傲的双胞胎，他们的表现却成了最棘手的教育课题。

二年级寒假，我的双胞胎儿子迷上了一款手机游戏。

起初，他们信誓旦旦地承诺"每天只玩半小时"，但很快就为了玩游戏作业潦草、情绪焦躁，甚至对家人的呼喊充耳不闻。最终，一场因游戏爆发的冲突让我彻底惊醒——丈夫夺走手机时，儿子竟情绪失控喘着粗气大喊："快还给我！"那一刻我不仅产生了身为人母的羞愧，更感受到了作为教育工作者的挫败。原来理论与现实的鸿沟，竟如此深不见底。这场冲突像一记重锤，敲碎了我作为"专家"的傲慢。

我开始以双重身份追问：沉迷手机这件事，为什么连我的孩子都无法幸免？若将这份令人战栗的"魔力"转化为学习动力，又会发生什么？作为双胞胎的妈妈，我比任何人都更渴望找到既保全童年快乐又守护成长轨迹的第三条道路。

于是，我踏上了关于手机游戏、孩子学习的新的探索之旅。白天，我是家庭教育讲师，将这场冲突化作课题，开设"解码游戏：手机背后的秘密"系列讲座；夜晚，我是实验者，在自家客厅践行新方法。从分析游戏设计的心理陷阱，到观察上百个家庭的真实案例，再到回顾我的老师林青贤在课堂上讲的孩子行为模式（"熟悉感+好感=遇见；熟悉感+反感=拒绝"），我逐渐发现：游戏之所以令人上瘾，是因为它精准命中了人类内心的"五种好感觉"——安全感、存在感、掌控感、成就感、价值感。而这些，恰恰是传统教育中常常忽视的心理底层需求。

令我惊喜的是，当我把这些发现融入课程之后，越来越多的家庭开始反馈：

"孩子主动用番茄钟写作业了！"

"他说'妈妈，给我讲讲你学的那个多巴胺陷阱！'"

"我们家的'成就银行'存满了一整本！"

……

这些声音让我确信：教育本该是美丽的，它不是非黑即白的对抗，而是对人性的深刻共情与智慧引导。当我们用游戏思维重构学习场景，那些曾让人头疼的亲子冲突，竟能化作滋养成长的甘霖。

　　这本书便诞生于300余场线上线下讲座、上百次咨询的淬炼之中。它不教你如何让孩子"戒掉游戏"，而是带你潜入游戏设计者的思维密室，将那些令人沉迷的机制，转化为让孩子"学习上瘾"的燃料；它不空谈理论，而是用我和诸多家庭验证过的36计，让教育回归人性的温度与科学的理性——从"镜像神经元"到"心锚效应"，从"费曼学习法"到"霍金斯能量等级表"，每一页都凝结着真实案例。

　　若你正为孩子的沉迷焦虑，为辅导作业崩溃，为亲子关系困惑——请相信这本来自一个曾经同样狼狈的母亲，一个在黑暗中摸索出火光的教育者的图书，它会给你指明解决问题的方向。

　　教育终究是一场双向治愈。当我的双胞胎开始用游戏化思维规划学习时，我忽然读懂：最美的教育，从来都不是说教，而是唤醒。让我们携手做美丽的家庭教育，不必做完美的家长，只需成为孩子成长路上最温暖的引路人。

　　愿我们与孩子，都能在这场智慧的共生中，找回彼此最本真的模样。

徐莹千
2025年春于讲座归途的高铁上

目录

第一章　游戏上瘾的核心逻辑　　〇〇一

引　子　　孩子游戏上瘾了！　　〇〇二
第1节　　识别孩子游戏成瘾的预警信号　　〇〇五
第2节　　屏幕背后的"陷阱"　　〇〇七
第3节　　游戏上瘾的五个套路　　〇一二

第二章　安全感：揭开学习焦虑的秘密　　〇一九

第1计　察言观色　洞悉安全感，揭开孩子"焦虑"学习的秘密　　〇二〇
第2计　为母则刚　先幸福自己，再幸福孩子　　〇二五
第3计　琴瑟和鸣　夫妻关系稳定和谐是孩子一生安全感的来源　　〇三二
第4计　独善其身　离异家庭如何给孩子安全感　　〇三九
第5计　良师益友　学校恐惧症，孩子到底怕什么？　　〇四五
第6计　知己知彼　理解是爱的前提　　〇五〇
第7计　以柔克刚　应对青春期孩子情绪化"雷阵雨"　　〇五六

第三章 存在感：孩子学习上的自信底气 　　〇六三

第 8 计　肯定自我　重视孩子的"自我意识"　　〇六四
第 9 计　及时回应　孩子，我们一直在　　〇七一
第 10 计　并肩作战　摆出"父母和你一起战斗"的姿态　　〇七六
第 11 计　独一无二　多子女家庭，如何让每个孩子都觉得自己很重要　　〇八一
第 12 计　独行亦勇　忙碌父母如何传递关爱与存在感　　〇八九
第 13 计　左右逢源　助力孩子提升人际交往中的存在感　　〇九四
第 14 计　协同共育　帮孩子赢得班级存在感　　〇九九

第四章 掌控感：高效学习的关键 　　一〇五

第 15 计　惜时如金　培养孩子掌控时间的能力　　一〇六
第 16 计　步步为营　掌控家庭作业节奏的三个小技巧　　一一二
第 17 计　以教为学　利用费曼学习法轻松掌控知识　　一一九
第 18 计　适时而学　利用生物钟高效学习　　一二四
第 19 计　心平气和　做情绪的掌控者助力学习　　一三〇
第 20 计　志存高远　用梦想和目标激发孩子的掌控感　　一四〇
第 21 计　环境助力　创造进入心流的环境提升学习效率　　一四六
第 22 计　闻鸡起舞　鼓励孩子抓住清晨黄金时段高效学习　　一五〇

第五章 成就感：助力孩子享受学习乐趣 　　一五七

第 23 计　放大光明　关注孩子"做到"的部分　　一五八

第 24 计	积少成多	让孩子从点滴进步中汇聚学习成就感	一六三
第 25 计	即时反馈	努力学习换来的成绩提升	一六九
第 26 计	越挫越勇	如何帮助孩子拥抱失败，重获成就感	一七四
第 27 计	如鱼得水	利用兴趣让孩子畅游学海	一八一
第 28 计	手舞足蹈	高能量动作锚定赢的体验	一八九
第 29 计	成功日记	每天五分钟记录小成就	一九四

第六章 价值感：摆脱学习疲惫　　二〇一

第 30 计	有的放矢	我什么都有，为什么要上学呢？	二〇二
第 31 计	见贤思齐	为孩子寻找人生导师	二一〇
第 32 计	因材施教	让孩子的自我价值在天赋中绽放	二一四
第 33 计	助人利他	在帮助他人中找到自己的价值	二二六
第 34 计	博观约取	带着孩子看世界、找自我	二三一
第 35 计	美心育灵	美育，激发孩子精神深处的价值感	二三六
第 36 计	读书养志	24 个要读书的理由	二四一

第七章 AI 时代，让孩子边玩边学　　二四七

第 1 节	走出虚拟世界，走向现实之美	二四八
第 2 节	家庭教育原则：统一战线	二五三
第 3 节	AI 时代，孩子的核心竞争力	二六〇

游戏设计背后有些什么秘密？手机让人沉迷上瘾的原因到底是什么？如果能够找到沉迷游戏的底层逻辑，并把这种底层逻辑用在学习上，孩子会不会比之前更爱学习呢？

第一章

游戏上瘾的核心逻辑

引子　孩子游戏上瘾了！

一次冲突，让我开始留意游戏成瘾对孩子的危害

二年级寒假，我带着双胞胎儿子回老家过年。大人们忙着准备过年前的仪式，孩子们则聚在一起玩手机。一个哥哥教会了他俩一款游戏，我担心孩子沉迷于手机游戏，还特意上网查了一下。网上说，这款游戏可以锻炼孩子的想象力和动手能力，相当于虚拟的乐高游戏。我看着还不错，就没有阻止。儿子每天都和小伙伴玩这款游戏，在老家5天的时间里，已经玩得得心应手了。

回家后，两个儿子跟我商量，可不可以继续玩这款游戏？他们保证每天写完作业后，只玩半个小时。当时，我担心他们痴迷于游戏耽误学习时间，但当他们保证只玩半个小时的时候，我同意了。

起初，一切似乎都在掌控之中，孩子们按时完成作业之后享受他们的游戏时光，半小时一到便自觉归还手机。过了一段时间，我隐约觉得不对劲：他们写作业比过去仓促，写完作业找我要手机的样子，总是那么迫不及待，而且明明到了时间，也总是拖拖拉拉不愿意交手机。这让我心里很不舒服。

有一天，他们完成了作业，拿走手机，心花怒放地打开游戏，迫不及待钻了进去开始构建他们的世界。不知不觉半个小时过去了，爸爸的饭做好了，招呼孩子们来吃饭。爸爸连着喊了好几声，两个儿子在房间里，一人一部手机，玩得不亦乐乎，没有半点反应。爸爸有些着急，走到房间门口，喊道："喊你们吃饭呢，没有听到吗？"心心头也不抬，不耐烦地回应："这一局还没玩完呢！"心心平日里性情温和，很少发脾气，是个讲礼貌的乖孩子，而这次，他居然用这样的语气回应爸爸，我大为惊讶。

心心的反应激起了爸爸更大的情绪，爸爸一把夺过手机："你玩游戏上瘾了是吧！居然这样对我说话！"

没想到的是，心心居然从座位上蹦了起来，大喊道："就差一点了！快还给我！"看到儿子这样的反应，爸爸怒不可遏，用手指着手机，狠狠地说："你俩现在就把游戏删了，从今天开始，咱家手机上再也不可以有游戏！"

两个儿子被爸爸的气势吓坏了，马上删了游戏。从那天起，我家的手机上再也没有了游戏。

这件事引发了我对手机游戏的警觉，也引发了我的深度思考：

==为何在游戏被打断时，孩子会表现出如此强烈的情绪反应？二年级的孩子会被爸爸震慑住，青春期的孩子还会被爸爸震慑住吗？==

游戏设计背后有些什么秘密？手机让人沉迷上瘾的原因到底是什么？如果能够找到沉迷游戏的底层逻辑，并把这种底层逻辑用在学习上，孩子会不会比之前更爱学习呢？

第 1 节
识别孩子游戏成瘾的预警信号

曾经做完作业就迫不及待地去小区找伙伴们玩耍的孩子，现在却很少迈出家门；以前活力四射、热爱运动的孩子，如今却总是无精打采；明明生活里无事发生，孩子情绪却起伏特别大，跟他交流的时候他总是心不在焉，甚至开始撒谎……这些激化亲子矛盾的行为可能并非单纯的"叛逆"，而是对电子产品有着深深依赖，是对游戏成瘾的预警信号。

在这个数字化时代，孩子使用电子产品的频率是一个值得家长们高度关注的问题。据统计，截至 2018 年 12 月，中国游戏成瘾的人群比例已达到 27.5%，而在青少年群体中，这一比例更是高达 30.5%。

2018 年，世界卫生组织（WHO）在《国际疾病分类》中，特别增设了"游戏成瘾"的条目，并详细列出了 9 项诊断标准，旨在辅助精神科医生准确判断个体是否对游戏产生了过度依赖。

个体若满足其中5项及以上,则可作为进一步评估的依据。

1. 完全专注游戏;
2. 停止游戏时,出现难受、焦虑、易怒等症状;
3. 玩游戏时间逐渐增多;
4. 无法减少游戏时间,无法戒掉游戏;
5. 放弃其他活动,对之前的爱好失去兴趣;
6. 即使了解游戏对自己造成的影响,仍然专注于游戏;
7. 向家人或他人隐瞒自己玩游戏的时间;
8. 通过玩游戏缓解负面情绪,如罪恶感、绝望感等;
9. 因为游戏而丧失或可能丧失工作和社交。

如果孩子已经在玩手机游戏,可以对照上面的9条,作为家长,有哪些戳中了你的心呢?如果有几条符合,也不要太过担心。这些标准不仅提醒家长们要密切关注孩子的游戏行为,更重要的是强调早期识别与干预,以防止游戏成瘾对孩子造成长远的负面影响。本书会分析游戏设计背后的心理机制,探讨如何将这些机制巧妙地应用于学习之中,激发孩子对知识的渴望,游戏容易让孩子成瘾,我们同样也可以让孩子对学习上瘾!

第 2 节
屏幕背后的"陷阱"

玩手机太容易上瘾了，别说孩子，成年人刷起来也控制不住。每天从睁眼开始，第一个反应就是：我的手机呢？成年人一整天会花大量的时间在手机上，一会儿不看手机就会心慌、焦躁不安，仿佛错过了许多世界大事。因此，父母总会担心孩子是不是也会一闲下来就玩手机、打游戏，沉迷于电子产品无法自拔。但如果不让孩子使用手机，又不太现实，毕竟手机几乎已经成为现代生活必不可少的工具之一。

手机为什么能让人欲罢不能？除了它的实用性以外，手机屏幕的背后还隐藏着软件设计师们精心策划的各种"陷阱"，它们因精准捕捉人类好奇心、探索欲及奖励心理而生效。那些看似为我们提供便捷的应用程序，背后全是软件设计师们的精心策划，他们的最终目的只有一个：诱惑人们投入更多的时间、精力和金钱。

这些电子产品是如何悄无声息地操控我们行为的呢？ 以下是三种最常见的心理陷阱：

红色未读提醒

红色提醒激起用户的关注，即时反馈模式促使用户持续参与。红色是一种最能触发人体警觉性的颜色，可以一秒吸引大脑的注意力，因此未读信息通常会使用红色，以达到"逼迫"人们点击的目的。

小红点的出现，牢牢吸引了用户的注意力，让人忍不住打开一探究竟。当不断点击未读提醒的时候，用户很容易就忘了手头要紧的事，一头扎进去，好久都出不来。

无限滚屏功能

美国康奈尔大学营养学教授布莱恩·万辛克通过"无底碗实验"研究发现：在吃饭时，如果在汤碗底部装上导管，有人源源不断地向碗内加汤，那么人们就会不知不觉地比平时多喝73%的汤却不觉得更饱。这是因为碗中汤的分量没有减少，人们没有得到"结束"的提示，所以会继续进食。

受到"无底碗实验"的启发，硅谷顶级软件产品设计师阿萨·拉斯金发明出了无限滚屏功能。表面上看，这项设计让人们获取信息变得更加便捷，省略了切换页面的繁琐步骤。但事实上，用户已经落入了设计者的圈套。滑不到尽头的页面，吸引着用户不停地向下滑动手机查看内容，手机和软件的使用时长也因此直线上升。

无法预料的奖励

很多平台都有点赞、刷礼物、抽奖、抢红包等功能，吸引用户参与其中。其实，这里也运用了心理学的原理。

美国心理学家斯金纳曾做过一个经典的"操作性条件反射"实验。他制作了一个特殊的箱子，箱子内部设有按钮，当按下按钮时，食物便会被自动放入箱子内。接着，他把8只鸽子放进箱子，观察它们的觅食行为。

斯金纳发现，如果食物奖励是随机出现的，那么鸽子会更加频繁地啄击按钮。

这说明，想让个体持续地做出某一动作，最好的方法并不是每次做出动作之后都给予奖励，而是在做出若干次相同动作之后，随机给予一次奖励。手机App的奖励及点赞机制，正是运用了这个原理。我们永远不知道下次会抽到什么大奖，自己发的朋友圈会有哪些人点赞留言。这种无法预料的奖励或惊喜，会促使人们持续不断地玩下去。

不仅如此，使用手机软件所得到的随机奖励带来的愉悦感，唤醒了使用者身体内部的多巴胺奖赏系统，而多巴胺和上瘾行为有着密切的关联。当手机操控了人们的多巴胺分泌，使用手机成瘾是早晚的事。

除了这些，隐藏在屏幕背后的设计陷阱还有很多，它们汇聚起来诱惑人们上瘾，侵吞着人们的时间，很多时候成年人都拿它们束手无策，就更不要说是心智尚未成熟的孩子了。比这些更需要警惕的是，它不但会改变我们的生活习惯，还会对孩子身体发育造成一定的阻碍。

我们往往只关注电子产品对儿童视力的损害，或担忧孩子因长期使用电子设备时的不良姿势引发脊椎问题、影响身高发育，却忽略了它们对大脑发育造成的伤害更为严重。大脑皮层是人类处理感官信息的最外层，长时间观看电子屏幕会导致大脑皮层过早变薄，它会影响到孩子长大后的认知能力、学习能力、社交能力甚至情感正常发展。

近几年，存在发育迟缓、感统失调甚至确诊注意缺陷与多动障碍（ADHD）的孩子越来越多，甚至有一段时间，复旦大学附属儿科医院开设的"学习困难"门诊引发了热议。这其实跟电子产品脱不开关系。在家庭教育中，孩子各项发展与父母的在场教育密不可分，家人的行为举止会引发孩子模仿的兴趣，影响他语言能力以及四肢运动协调能力的发展。如今电子产品代替了人的属性，比如有很多家长依赖于短视频教孩子说话识物，甚至视其为让孩子安静、自己清净的工具。这种亲子沟通的减少会使孩子在幼童时期的语言发展极其受限，而且由于视频里的词汇量远不如真实生活场景，也会影响到孩子阅读能力的发展。

电子产品背后的设计陷阱之一就是通过短时间的高频次刺激吸引人沉迷其中，这种节奏会使得大脑的注意力很难集中。我们回想一下，在工作时看到弹窗消息，我们的第一反应是什么？点进弹窗之后我们再次回到工作状态又需要多久的时间？我们的大脑构造其实决定了我们无法完全准确无误地同时进行两件事，当我们担心错过弹窗里的重要信息时，意味着我们的潜意识允许电子产品把我们带入一个注意力容易分散的环境。当孩子陷入这种环境的时候，很难再有专注的思维习惯。而且长时间使用电子产品的孩子，往往更容易被图像刺激，导致右脑兴奋而左脑相对迟缓。这种不平衡的状态会进一步导致注意力难集中、思考能力受限制、想象力缺乏、主动性降低等一系列阅读障碍问题。此外，电子产品还会破坏孩子神经系统的正常功能，引起头痛、睡眠障碍等一系列问题。这些问题会影响孩子的情绪和心理健康，进一步影响注意力的集中，导致学习困难。

视力下降、脑功能退化、睡眠障碍、学习困难这些问题看似独立，实则密切相关，并且共同对孩子的成长发育构成威胁。作为监护人，我们必须深刻认识到电子产品的过度使用对未成年人健康的严重危害。

俗话说，"知人者智，自知者明"。当我们和孩子提升了对手机的认知，了解了手机各个功能背后的设计原理时，我们就能有意识地提升自我约束力，把握好手机使用的度，既享受到科技社会的便捷，又避免手机上瘾。

第 3 节
游戏上瘾的五个套路

很多家长抱怨，现在的手机游戏、短视频真害人，孩子抱着手机，都不想学习了。如前所述，真相并非我们想象的那样简单，我们与其抱怨手机，不如深入探究游戏中究竟暗藏着什么魔力，能够让孩子如此倾心、如此着迷。

我梳理之后发现，你以为孩子玩的是手机游戏，其实孩子沉浸的是五种好感觉。

手机游戏一共满足了孩子五种核心的心理需求：安全感、存在感、掌控感、成就感、价值感。当手机游戏不断地满足着孩子这五种好感觉的时候，孩子当然会沉迷其中。

在本书里，我们将会分析手机游戏是如何满足这五种好感觉，并传授如何在孩子学习中给他们设计这五种好感觉。家长在发现孩子没有学习动力时，就可以从这五个方面开始归因，让孩子的学习像打游戏一样，越学越上瘾。

那么，手机游戏满足了孩子内心渴望的哪五种好感觉呢？

手机游戏满足孩子的安全感

根据马斯洛需求层次理论，人类存在安全需求层面的心理诉求，具体包括对稳定环境、基本安全保障、受保护状态、有序社会关系以及摆脱恐惧和焦虑等负面情绪的深层需要。

有一次，我问一个六年级的男同学："我看到你把游戏删了，怎么又安装上了呢？"男同学向我诉苦："老师，游戏里面有我的同学啊！我自己在家多没意思，爸妈不在家，一回来还吵架，我和同学在游戏里可以一起合作过关，这多刺激！"

原来，手机游戏除了娱乐功能，还有社交功能。手机游戏容易卸载，但由手机游戏建立起来的关系却不容易断。虚拟的游戏世界为他们提供了一个与伙伴组建团队、共同追求目标、完成任务的平台，极大地满足了他们对安全感的渴望。

从事家庭教育9年以来，我接触过上百个孩子不上学的案例，其中相当大一部分原因是跟同学、老师处不好关系，在学校会产生恐惧被孤立所带来的焦虑感；或是父母关系不好，家庭生活中多有争吵时，孩子就不容易在家庭关系中找到安全感。而在虚拟的游戏空间里，与小伙伴们一起组建团队、统一目标、一起做任务的过程，就大大满足了孩子对于关系的安全感需求，孩子自然而然会把在现实中无法被满足的情感重心转移到网络中。

手机游戏满足孩子的存在感

哲学家贝克莱说:"存在即被感知。"意思是,只有被他者感觉到的事物,才能证明自己是存在的。只有当他人对我们的行为作出回应时,才能证明我们发出的信号是存在的。信号存在,证明我们也存在。存在感,简单来讲,就是其他人能够感受到自己的存在,我很重要,我的努力能被看见。

在游戏中,孩子拥有独立的账号和角色,每当他们操作游戏按钮时,界面都会迅速响应,成功时收获赞扬,失败时得到慰藉。这样的互动让孩子感受到被重视,这种感觉我们称之为存在感。反观在孩子学习过程中,孩子付出了努力,有时却得不到父母的关注。有的家长忙工作,孩子长时间都见不到父母。长此以往,孩子可能会产生"我不存在,我不重要"的感觉。为了寻求这种缺失的存在感,孩子往往会转向其他途径,而手机游戏恰好能够满足这一需求。

手机游戏满足孩子的掌控感

孩子玩游戏的时候非常投入,父母喊半天都没有反应。原来,不仅仅是游戏里的画面和音效吸引人,而是游戏关卡层层递进的机制更吸引人。玩家可以根据游戏的进度条,掌控进度,进而沉浸其中以完成任务。

在使用微信语音留言功能时,面对 60 秒的留言,我们常常在听到一半时就失去了耐心。但如果是下载某个App，我们看着不断增加百分比的进度条，却会耐心地等待。反观孩子的学习情况，他们在面对作业时往往缺乏时间观念，也没有像进度条那样的直观提示。望着堆积如山的作业，孩子不禁会发出感叹：这学习啥时候是个头啊！

游戏里的奖励机制非常细化，也非常精准。它瞄准你的心理诉求、心理痛点，按照一种层层递进的逻辑运转。如果我们把这种机制用在孩子学习上，孩子也会更耐心、更专注。

手机游戏满足孩子的成就感

成就感是完成任务后的喜悦和奖励，就像我们竖起的大拇指。在游戏里，只要完成一点点任务，光效、音效、金币等奖励马上就涌来了，让玩家应接不暇。当我们做一件事情，可以得到及时积极的反馈时，大脑会迅速产生多巴胺，于是玩家痴迷于这种多巴胺的刺激，无法自拔。

相比孩子在学习中，好不容易完成一个作业，可能还做错了，没有奖励不说，甚至还会被父母指责和抱怨。这种挫败感的累积，自然会让他们对学习失去兴趣。成就感是推动一个人持续行动的关键动力。当人们不断完成适度的任务并获得奖励后，他们会更有动力去完成下一个任务，如此循环往复，逐渐上瘾。

手机游戏满足孩子的价值感

价值感，是指个体感知到周围环境或自己对世界具有正面意义与贡献的感受。每个人内心深处都怀有被认可、被需要的渴望，当这种渴望得到满足，即个人行为对周围产生积极影响时，便会产生一种价值实现的感受。

玩家在游戏里探索、战斗和完成任务的旅途中，角色的等级会随之提升，这种进步是直观的。玩家通过共同努力完成一项项挑战或任务，更能直观地体会到个人价值得以展示的满足感。

如果我们只是用成绩来评判孩子的好坏，不去发现与欣赏他的天赋所在，会激发起孩子的逆反心理，让他们觉得父母不关心他们内心的想法，只关心他们的成绩。到底为什么要学习呢？学习对人生又有什么意义呢？这些遥远的意义，孩子摸不到感受不到，自然无法激发他们的价值感。这些是需要在生活里让孩子在不知不觉中感受的，家长需要引领孩子找到学习的意义系统，满足孩子更高的精神追求。

孩子在学习中无法满足安全感、存在感、掌控感、成就感、价值感时，就会到其他地方寻求满足。家长和教育者需要帮助孩子在学习中建立起与手机游戏相似的正向激励机制，将沉迷游戏的底层逻辑运用到学习上，从而使学习成为一件有趣且让人"上瘾"的事情。

这"五感"——安全感、存在感、掌控感、成就感、价值感就像是一只手的五根手指,彼此间独立却又紧密相连,共同构成了孩子学习旅程中的强大支撑。

在满足"五感"的教育环境中,孩子不再是被动的接受者,而是主动的创造者,他们用自己的双手创造着属于自己的未来,用"五感"的绽放点亮通往梦想的道路。家长则是无形中引导和支持的手,轻轻张开,给予孩子足够的空间去尝试、去犯错、去成长,同时又在关键时刻紧握孩子的手,提供必要的支持与保护。这样的教育方式,不仅让学习变得生动有趣,更让孩子在成长中学习,在学习中成长。

儿童安全感的形成本质上源自原始脑的本能防御机制、情绪脑的情感调节功能与理性脑的认知控制能力三者间的动态平衡与协同发展。

第二章

安全感：揭开学习焦虑的秘密

第 1 计

察言观色

洞悉安全感，揭开孩子『焦虑』学习的秘密

察言观色

想要让孩子获得安全感，安心学习，我们家长要会察言观色，关注孩子原始脑、情绪脑和理性脑的平衡发展。

有一天，我在朋友圈看到一句话："哪有什么岁月静好，只是你的娃还没上学吧。"我从事家庭教育工作9年有余，见过很多家长因为孩子学习问题抓狂，就像网络上流行的那句话："不写作业母慈子孝，一写作业鸡飞狗跳。"很多父母一辅导孩子学习就忍不住发火、吼孩子，父母本意是为孩子好，殊不知这样的行为反而会让孩子丧失安全感，更加无法静心学习。

这是为什么呢？美国国家精神卫生研究院神经学专家保罗·麦克里恩在1970年提出"脑的三位一体理论"，该理论将人类大脑分成原始脑、情绪脑和理性脑。其中，原始脑负责基本生存需求，情绪脑关联社交和情感需求，理性脑则逐渐发展出自我意识和理性思考能力，儿童安全感的形成，本质上源自原始脑的本能防御机制、情绪脑的情感调节功能与理性脑的认知控制能力三者间的动态平衡与协同发展。

原始脑负责生存反应

当孩子受到威胁或不安全时，原始脑会被激活，孩子会不假思索地出现三种反应：对抗、逃跑、僵住。在这三种情况下，孩子的生命能量被用于应对威胁，而无法投入到学习中。

情绪脑负责情感和感受

当孩子的情绪脑感受到安全、温暖和支持时，他们会感到被接纳和关爱，从而增强他们的安全感。但情绪脑对负面情绪和压力也很敏感，当孩子面临威胁或受到批评时，情绪脑会产生焦虑、恐惧或沮丧的情绪，从而降低他们的安全感。

理性脑负责思考、推理和决策

当孩子的理性脑启动并正常运转时，他们才能够更好地理解和分析信息，从而自如地应对学习和解决问题。激活理性脑，需要安全感的支持，因为当孩子感到安全时，他们的理性脑才能更有效地参与学习过程，思考解决方案，并采取适当的行动。

我们以辅导孩子做作业为例：

一位妈妈没控制住情绪，恶狠狠地吼了孩子："这么简单的题都不会！"

孩子可能会有三种反应：

第一种（对抗）：声嘶力竭地反驳"我就是不会！"

这时候妈妈可能更生气："不会还敢顶嘴！"

第二种（逃跑）：低头不说话，抠着橡皮想别的事。

此时妈妈可能会生气地拿走橡皮，继续吼道："你到底有没有听我讲话？"

第三种（僵住）：孩子抬头，眼睛直直地看妈妈，没有其他表情。

这种情况让妈妈更来气："你倒是写啊，看着我干什么？我脸上有字啊。"

当妈妈冲着孩子大喊大叫时，孩子情绪脑被激活，就会变得焦虑、恐惧和沮丧，而理性脑可能受到压抑或关闭，无法正常思考。在这种情况下，情绪脑会占据主导地位，因为孩子的注意力都集中在如何应对消极情绪上。此时，情绪脑会将焦虑和恐惧的信号传递给原始脑，原始脑接收到信息："危险来临了。"于是，孩子产生危机感，就有了这三种消极反应。因此，当孩子处于受到威胁或压力的环境中时，情绪脑和原始脑的反应可能占主导地位，这就导致孩子难以保持冷静，更别谈安心专注学习了。为了让孩子拥有安全感并安心学习，作为家长，我们需要细心观察孩子的情绪与行为变化。

平衡孩子原始脑、情绪脑和理性脑的发展，需要家长在多个方面进行引导和培养。通过满足基本需求、建立规律的生活习惯来稳定原始脑；通过情感表达与接纳、情绪调节训练和共情与倾听来促进情绪脑的发展；通过逻辑思维训练以及鼓励探索与创新来激发理性脑的潜能。这些策略将有助于孩子获得全面的发展，提升他们的安全感和学习能力。

原始脑发展

确保孩子吃得好、睡得足。

设定固定的作息时间和吃饭时间，帮助孩子形成良好的生活习惯。

特别是在他们学习的时候，停止用粗暴的方式对待孩子。

情绪脑发展

多跟孩子聊天，认真倾听孩子分享自己的学习心得。

教孩子一些简单的放松技巧，比如深呼吸，帮助他们平复情绪。

理性脑发展

和孩子一起玩逻辑游戏或拼图，锻炼孩子的思维。

鼓励孩子尝试新事物，帮助和支持他们主动解决问题，提高创新能力。

第 2 计

为母则刚

先**幸福**自己,
再幸福孩子

为母则刚

母亲的"刚"不仅仅是指她的体力或是耐力,还包括她在教育过程中展现的坚韧与决心。

婴儿刚出生时,护士剪断脐带,虽然婴儿和妈妈的身体分离,但心理上依然与妈妈紧密相连。他从妈妈的乳汁里吸收营养,从妈妈凝望的眼神里看见了自己,从妈妈的抚摸里感受到了自己。

随着婴儿长大,他们开始学会爬行,慢慢试着离开妈妈,主动探索起周围的世界。这时如果听到他没有听见过的响声,看见他没有见过的物件,他会害怕,当爬回到妈妈这里时,妈妈温和地微笑着把宝宝抱在怀里轻声安慰:"宝宝不怕,妈妈在这里。"此时,婴儿的安全感仿佛电量满格,赋予了他们敢于离开妈妈、去探索周围世界的勇气。如果婴儿爬回来找妈妈时,妈妈是生气的、拒绝的,那么婴儿会感觉恐惧和无措,他会发现外面的世界很危险,自己的妈妈好像也不安全。

婴儿1—3岁开始学会走路，这个时候他更加好奇地探索世界，如果这时妈妈害怕孩子遇到危险，用威胁恐吓的方式吓唬宝宝，那宝宝将对这个世界充满恐惧，长大后怕生、胆小、退缩。

3岁之前，如果妈妈长时间或反复和孩子分开，孩子的依恋关系会中断。如果是短暂中断的依恋关系是可以及时修复的，但如果长时间中断，修复起来就会很难。对于身心都依赖于养育者的孩子来说，这样的中断常常是灾难性的，这会导致孩子在成年后无法建立最基本的安全感和信任感。

有一位妈妈在家长课堂学习了很多育儿知识，她也知道孩子的心理需求是需要妈妈给予的，可是她却在两岁多的小女儿哭闹的时候，忍不住动手将她推开。头脑里知道自己要抱抱哭闹的孩子，行为上却数次拒绝。了解了这位妈妈的经历，才发现她的童年并没有得到过母亲的爱。

这位妈妈的母亲在她一岁多时就去世了，她跟着她的父亲生活了半年多，之后被接到了奶奶家生活了半年多，由于奶奶身体不好，又被送到叔叔婶婶家。叔叔婶婶家已经有几个孩子，她在这里遭受了嫌弃和来自哥哥姐姐的暴力，到四五岁时，她又被送到大姨家里生活。当这位妈妈流着泪诉说自己童年经历的时候，我不禁感叹：父母永远都给不了孩子连自己都没有的东西。这位妈妈无法亲近自己的女儿，表面上看着是她母爱不够，实际上，她也是一个没有得到足够安全感的孩子。可见，安全感在孩子成长过程中的作用至关重要，其影响力深远，乃至终身。

早期创伤性分离会严重损害孩子的安全感，导致他们一生都害怕被抛弃。孩子的安全感主要通过妈妈稳定而敏感的回应获得，在这种情况下，孩子会对妈妈慢慢形成安全型依恋。

婴幼儿时期安全感不足的表现

· 情绪不稳定

婴幼儿安全感不足常常会表现出喜怒无常、难以安抚的特点。他们还没有学会如何有效地表达自己的需求和感受，因此只能通过哭泣、发脾气等方式来传达自己的不满和不安。

· 偏差行为

婴幼儿情绪不稳定时若未能得到妥善引导和安抚，随着孩子成长可能会逐渐转化为一些偏差行为，比如迷恋明星或手办。这些看似是对外在事物的过度热爱，实则在深层次上，可能是孩子在企图弥补自己内心那份缺失的安全感。

· 控制欲强，人际关系不好

我们站在高处，会产生恐惧，如果身边有根绳子，就会紧紧地抓住。在人际关系中也是如此，在婴幼儿期安全感不足的人，长大后常常表现出想要控制对方。

女子本弱，为母则刚。安全感在孩子成长中的作用无比重要，而母亲这一角色对孩子的影响又尤其重要。母亲的"刚"不仅仅是指她的体力或是耐力，还包括她在教育过程中展现的坚韧与决心。母亲作为孩子成长道路上重要的引路人，**该**

如何做才能让孩子安全感十足地来面对自己的学习和生活呢？ 接下来，我们将根据不同年龄段的特点，来探讨母亲如何有效地为孩子构建安全感。

0—3 岁：宝宝出生的头三年，母亲的陪伴尤其重要

- 给予心理上的安定感

母亲应该密切观察并识别孩子的需求信号，及时满足他们的身心需要。通过拥抱、抚触谈话和逗孩子笑等方式，与孩子进行有效的互动。

- 提供稳定的成长环境

在孩子 3 岁之前，尽量避免频繁更换养育者和成长环境，以减少孩子心理上的不确定性。

- 陪伴而不干预

随着孩子自我意识的萌发，好奇心和探索欲会逐渐增强。母亲应该在陪伴孩子的同时，不过度干预他们的探索行为。在孩子需要时及时参与，不需要时则在一旁关注，让孩子逐渐学会独自玩耍，同时感受到母亲的存在和支持。

3—6 岁：幼儿园阶段，宝宝和母亲渐渐分离

- 持续的陪伴与关注

尽可能多地亲自接送孩子去幼儿园。要时常关注孩子的情感和需求，及时给予回应，孩子独立上幼儿园的时候，孩子可以借助带着妈妈味道的手绢、玩具等让他们感受到无论何时妈妈都在身边。

- 积极的亲子互动

利用空闲时间与孩子进行互动游戏，如躲猫猫。睡觉前是母子联结的重要时间，妈妈可以通过阅读绘本、讲睡前故事等来陪伴孩子入睡。

- 创造良好的家庭氛围

避免在孩子面前争吵，为孩子创造一个和谐、友爱的家庭环境。相亲相爱，平等尊重，不但有助于孩子形成积极的性格，还会给孩子带来安全感。

- 逐步培养独立性

随着孩子年龄的增长，母亲需要逐渐放手，让孩子学会独立处理问题，完成他们可以胜任的小任务，比如倒垃圾、穿袜子等。

- 保持稳定的情绪和支持

母亲需要学会管理好自己的情绪，避免在孩子面前表现出过度的焦虑或愤怒。当孩子遇到困难或挫折时，母亲要给予坚定的支持和鼓励，让孩子知道无论发生什么，母亲都会在他们身边支持他们。

6—12岁：小学阶段，孩子开始进一步适应家庭以外的学校环境

- 培养良好的学习习惯

鼓励孩子培养自主学习的能力，如独立思考、时间管理等，协助孩子制定合理的学习计划，确保他们有足够的时间来完成作业和复习功课。

- 增强孩子的社交能力

鼓励孩子参加学校组织的课外活动或社交活动，以培养他们的团队协作能力和社交技巧。教导孩子如何与他人建立良好的关系，并处理人际冲突。

12—18岁：青春期，孩子开始独立，学业压力、人际关系压力开始增加

- 尊重与沟通

尊重孩子的独立性和个人空间，避免过度干涉，同时保持开放、平等的沟通，和青春期孩子做朋友，了解孩子的想法和困惑，给予支持。

- 合理期望与支持

母亲不要好高骛远，根据孩子的实际情况，与孩子共同设定合理的学业目标，提供必要的学习资源，并在他们面临挑战时给予鼓励，在他们需要时提供帮助。

- 关注心理健康

这个阶段，因为身体发育，孩子的情绪变化比较明显，母亲要及时发现并帮助孩子疏导情绪，必要时寻求专业心理健康咨询服务，确保孩子在情感上得到安全感。

孩子长大不容易，我们陪伴的过程也不容易；但就是因为不容易，所以我们才备感珍惜。如果我们不能情绪稳定地去陪伴孩子，可以进一步探索自己童年的母婴关系，从中找出缘由，有必要时可以找专业的心理医生咨询，先幸福自己，再幸福孩子。

第 3 计

琴瑟和鸣

夫妻关系稳定和谐
是孩子一生安全感的来源

琴瑟和鸣

孩子的安全感,很大程度上来源于家庭氛围的和谐与稳定。一个充满爱与包容的家庭,能够让孩子在遇到困难或挑战时,有勇气面对,因为他们知道,无论发生什么,家永远都是他们的避风港。

当代作家周国平在《宝贝,宝贝》一文中写道:"一个男人使一个女人受孕,似乎是一个偶然的事件,可是仔细想想,这个孕育出来的小生命是多么漫长而复杂的因果关系中的一个产物,它的基因中交织着多少不可思议的巧遇,包含了多少神秘的因缘。"当我念到这段文字时,我心中充满感恩和敬畏。孩子,作为夫妻间爱的见证与结晶,承载着双方最纯粹的愿望与期盼。他们任何家庭行为的出发点与归宿,皆是为了营造一个更加和谐美满的家庭环境,让孩子能在爱与温暖中茁壮成长。

可可是一位非常幸福的妈妈,拥有幸福的三口之家。老公爱她,乖巧可爱的女儿正在上小学三年级。最近一段时间,她发现女儿虽然总是按时完成各项作业,但是学习效果并不好,经常出现各种错误。她带着好奇来向我咨询女儿学习的问题。

几经询问,她都没察觉到是哪里出了问题。我给了她一个建议,调出家里的监控,看看一家人的相处模式,再找找问题在哪里。

可可回去查看了一段时间的影像,惊讶地发现,最近一段时间,自己很焦虑,和孩子爸爸时不时有争吵,女儿对此反应很大。

镜头一:

- 给女儿听写生字,但女儿要么写不上来,要么写错了。尽管可可在刻意控制情绪,但还是不自觉地皱起眉头,甚至使劲向桌沿摔书。这个时候,女儿的左手使劲抠着橡皮,同时使劲咬自己的下嘴唇。

镜头二:

- 夫妻两个人在隔壁屋子讨论女儿最近学习情况,音量越来越大,最后丈夫气得摔门而出。这个时候的女儿在自己房间里的书桌前,没心思写作业,竖着耳朵听着爸爸妈妈的争吵,眼神低垂,充满内疚。

镜头三：

- 可可给女儿买了新的卷子，准备送到女儿房间，丈夫一把拉住她，大声呵斥："不要把你的焦虑传给孩子！"可可挣脱开丈夫的手说："现在不给她压力，她长大了怎么办？"然后冲进房间。女儿被吓得一愣，连忙站起来，接过妈妈的卷子。

女儿的原始脑被激活，导致她一次又一次愣在那里，无心学习。

可可很感谢家里的摄像头，因为它就像镜子一样，让她看到了真实的自己，也看到了缺失安全感的女儿。

孩子是父母的结合体，身体的基因一半来自爸爸，一半来自妈妈。当爸爸爱妈妈、妈妈爱爸爸的时候，孩子也会爱自己；当爸爸否定妈妈或者妈妈否定爸爸的时候，孩子的一半也会否定自己的另一半，变得矛盾而内耗。

我们的大脑里有一面"镜子"，叫"镜像神经元"，也被称为镜像细胞。它就像大脑中的一面"镜子"，能够直接在观察者大脑中映射出别人的行为、情绪和意图。

意大利神经心理学家贾科莫·里佐拉蒂（Giacomo Rizzolatti）及其研究团队在猴子的大脑里也发现了镜像细胞，他们让猴子做各种动作，以此观察猴子大脑的活化区块。

他们发现了一件非常有趣的事情：当猴子看到其他猴子的行为时，它脑中的一些细胞也会出现反应，就好像自己也在进行同样的行为。

人类拥有比猴子更加发达的镜像神经元。这意味着，当我们看到别人的行为时，自己的大脑中也会进行同样的行为。比如说，当长期和父母生活在一起的孩子，看到爸爸妈妈在吵架时，他的大脑中也会产生同样的反应，并且模仿父母的情绪状态、言行举止。当父母恩爱并且经常表达"我爱你"时，孩子潜意识里也会这样说这样做，同时也会感受到安全感。

记得上中学时，有一次中午放学，我发现新买的自行车丢了，我很自责，心里难受极了。一方面，责怪自己不小心，另一方面也怕爸爸妈妈生气。我哭着回家，做好了被父母训一顿的准备。但没想到妈妈一把抱住我，安慰说："没事没事，是小偷太坏了，不是你的错。"听到妈妈平静地说"不是你的错"后，我心里备受安慰。收拾好心情，下午继续去上学。我学习的心情并没有被这件事影响，反而因为妈妈的理解，更加用心学习，想着不能辜负妈妈的信任，好好学，以后挣更多钱买新自行车。

我也记得，小学时，有一次快到期末考试了，因为爸爸喝酒，妈妈和爸爸大吵一架，闹得好几天不说话。那些天，我无法安心学习，总是担心爸爸妈妈会离婚，不要我了。担心爸爸生着气上班，发生安全事故，担心妈妈生气气出病来。

不管孩子遇见什么事情，父母的情绪是稳定的，孩子的镜像神经元也会做出相应的反应，孩子就有安全感。假如父母把工作的压力、生活的压力转移到孩子身上，孩子就会缺乏安全感，从而影响到学习状态。

在孩子成长的陪伴旅程中，父母之间存在不同的教育理念，这实属正常现象。

<mark>当遇到孩子学习上的问题时，如果父母之间出现分歧，应该如何处理呢？</mark>

提前讨论重要问题

夫妻两人重述一致的初心，比如夫妻两人都关注孩子学习，都希望孩子更轻松愉悦地学习。

对于有分歧的问题，两人分别列一个清单然后放一起比较，孩子的哪些行为是绝对不能允许的，哪些是可以再作考虑的。

讨论敏感但重要的话题，比如说孩子该不该补课，或是学习到什么程度等一些细节。

分配好不同情况中的"白脸""红脸"，并尽量均衡

确保父母双方在不同情况中，有基本均衡的"扮红脸"

和"扮白脸",不要一方什么时候都是那个"容易说话的好人",另一方什么时候都是那个"严肃的家长"。

在一方管教孩子时,另一方不要轻易插手

意见相左时,也请对对方的意见保持尊重,可以暂时停止事情,给彼此一个缓冲的空间,让情绪得以平复。等双方都冷静下来后,再找一个合适的时机,以平和、开放的心态重新开启讨论。

父母和孩子就像是一个三角形,父母的关系越稳定越牢固,孩子的安全感越强烈。父母跟孩子待在一起的时间最长,是孩子的第一任老师,父母的一言一行都会在潜移默化中影响孩子。只有家长情绪稳定,家庭氛围才会好,孩子也才会有一个更好的成长环境。

第 4 计

独善其身

离异家庭
如何给孩子安全感

独善其身

只要拥有爱以及良好的教育方式，单亲家庭的孩子同样也会很优秀。

社会普遍认为单亲家庭会给孩子带来严重的影响。父母离婚后，孩子会对父母产生不信任感，并且会对未来的生活产生迷茫。

小宇在上小学一年级的时候，爸爸妈妈离婚了，之后跟着爸爸生活。爸爸很疼爱小宇，虽然不常见到妈妈，但小宇过得还算幸福。直到有一天，爸爸带着一位漂亮阿姨和他一起吃饭，小宇才知道爸爸这段时间早出晚归的原因。看起来，他们彼此相爱。想到这，小宇心里感觉很难受，开始更加思念妈妈，但看到爸爸跟阿姨在一起幸福的样子，心中又替爸爸感到高兴。从这时起，小宇上课的时候，总爱走神，爸爸和阿姨在一起的样子，妈妈过去在家里的场景，总是交替出现在小宇的脑海里。

过了一段时间，爸爸和阿姨举行了隆重的婚礼，小宇坐在宴席上，一句话不说，低头不停地往嘴里塞食物。

没过多久，一个小生命来到了小宇隔壁的卧室里，那三口人有说有笑，小宇使劲捂住耳朵，也隔不了那刺耳的声音，学习也越来越马虎。

爸爸觉察到了小宇的变化，作为补偿，送给了小宇一部价值不菲的手机。看着新手机，小宇心里得到了一些安慰。偶然的一次，为了打发时间，他开始玩游戏。

像小宇这样的案例还有很多，许多单亲家庭的孩子，小脑袋里总会胡思乱想：以后住在哪里？还有没有属于自己的房间？以后在哪里上学？同学们会不会排斥自己？父母会不会再婚？继父母会不会厌恶自己？继父母会不会带来和自己没有血缘关系的兄弟姐妹或者是生出和自己有一半血缘关系的弟弟妹妹……

正因为这些胡思乱想，导致孩子更加依赖父母，做出一些离经叛道的事情，以此来博得父母的关注。

如果我们站在孩子的角度和立场来看：父母抛弃了彼此、抛弃了婚姻，那么接下来，**父母会不会马上就抛弃自己呢？**

难道离异家庭孩子就不能拥有幸福的人生吗？当然不是。那如果迫不得已要离婚，父母如何培养出幸福的孩子呢？

让孩子退出婚姻的战场

在《脱口秀大会》的舞台上,李雪琴曾以一句"妈妈是我一手带大的"引爆全场,然而这幽默背后却隐藏着深深的辛酸。在父亲离开家庭后,她的母亲心灵受创,深陷悲伤的漩涡。年仅14岁的李雪琴,不仅要应对自己的负面情绪,还要承担起抚慰母亲的责任,这对她来说无疑是沉重的负担。

因此,父母在离婚时,首先应调整好自己的情绪,以稳定的情绪面对孩子,成为他们情感的依靠。要让孩子感受到,即便父母分开,他们的爱也不会减少,依然会一如既往地关爱和照顾他们。同时,父母应尽量在孩子面前展现友好关系,让孩子觉得,即使父母不在一起生活,他们依然是彼此尊重和友好的。避免将婚姻失败的挫败感全部转移到孩子身上,不要给予他们过度的关注和压力。

不要对孩子隐瞒父母离婚的事情

事实上,孩子是能够感受到父母的婚姻关系情况的。父母担心,单亲家庭会影响孩子的心理健康,所以他们认为只有在完整婚姻里成长的孩子才会幸福。但完整的家庭并不一定会培养出心理健康和优秀的孩子,单亲家庭培育出优秀孩子的例子也不在少数。谷爱凌是由妈妈和外婆抚养长大的。她在冬奥会上的表现、在学业上的成绩,都验证了单亲家庭也能养育出优秀的孩子。我们一味地追求家庭的完整性，有可能会让自己更加不开心，让孩子更难受。因此，我们应该有信心，因为只要拥有爱以及良好的教育方式，单亲家庭的孩子同样也会很优秀。

要构建多样化的生活模式

单亲家庭要构建多样化的生活模式。单亲家庭在人员结构上相较于完整家庭更为精简，但这并不意味着生活就会单调沉闷。为了避免孩子感到孤单，单亲父母需要更加用心地规划家庭生活，努力构建多样化的生活模式。

可以定期安排亲子活动，如户外探险、观看展览或是参加社区活动，这不仅能够丰富孩子的生活体验，还能增进亲子关系。同时，单亲家庭的父母也要保持开放的心态，不回避周围的人和事，主动融入社交圈子，邀请亲朋好友来家中聚会，或是加入社区团体，以此来拓宽孩子和自己的社交圈。通过这些策略，单亲家庭的孩子不仅能够摆脱孤僻，还能在多样化的生活中培养开朗的性格和广泛的兴趣爱好。

扩大亲友系统来缓冲离异影响

家庭在面临离异等生活变故时，孩子往往会成为受影响最大的群体。为了缓解这种影响，单亲家庭可以通过积极扩大亲友系统，让孩子与爷爷、姥姥、舅舅、阿姨等亲人建立紧密的亲情关系。在这样的环境中，孩子有机会接触到不同的人生观、价值观，并且通过与爷爷、姥姥等老一辈的交流，可以了解到家族的历史、传统，培养孝顺、尊老的品质；与舅舅、阿姨等亲人的相处则可以弥补父亲或母亲的特质，帮助他们形成完整人格；与表哥、表姐这些平辈亲属的互动，则能让孩子更好地学习如何与同龄人相处，提升他们的人际交往能力。

通过与亲友的交往，他们会意识到，尽管家庭形式有所不同，但爱与关怀是不变的。这样的认知有助于孩子更好地适应单亲家庭的生活，也能让他们在未来的生活中更加自信和坚强。

单亲家庭不是残缺，而是家庭生活的另一种模式。衡量一个家庭幸福的标准，从来不只是完整性，而是这个家是否有爱、有归属感。只要拥有足够的爱心、智慧和策略，单亲小孩也一样可以茁壮成长，活出属于自己的璀璨人生。

第 5 计

良师益友

学校恐惧症，孩子到底怕什么？

良师益友

当孩子对上学感到恐惧时，父母应耐心倾听他们的担忧，并找出恐惧的根源，这样父母才能给予孩子足够的安全感，给他们面对困难的勇气。

不少父母反映，孩子在家好好的，但一提到上学，就无论如何都不愿意去学校。有的父母把孩子强行送到学校之后，孩子还会出现脸色发白、胸闷气短，甚至抽搐昏厥等现象，好像受到了巨大的惊吓，这究竟是怎么回事呢？

从心理学角度来讲，上面的现象叫做学校恐惧症，又名校园恐惧症，是学习障碍的一种表现形式，常见于求学阶段的儿童和青少年。

学校恐惧症的表现

在生理上的表现为：一提到上学就非常害怕，甚至出现发烧呕吐、冒冷汗、喘不上气、腹胀等疾病发作的症状。

在心理和行为上表现为：出现对上学不理性的害怕、恐惧和焦虑，进而出现到校前的不适当行为，例如：赖床、拖拉、发怒、摔东西、哭闹；到校后不愿进入校门或教室，或上课途中借故离开教室或学校。

这些症状通常发生在假日后第一天、考试前夕或当天以及某些特定课程活动的日子。

产生学校恐惧症的常见原因通常有以下三点：

第一，自身性格因素，孩子过于敏感，对过去有心理阴影。

第二，家庭教育因素，家庭关系不和睦，孩子内耗严重，从而厌恶学习，厌恶生活。

第三，学校教育因素，孩子在学校遭受过来自同学的排挤、校园欺凌、老师辱骂、考试失利等。

以下是根据观察，总结出家长对孩子的学校恐惧症的三种不良应对方式：

恳求

父母用感情攻势恳求孩子听话，用物质或承诺作为条件交换。但在缺失安全感的孩子面前，这些代价的诱惑力很有限，也许可以短暂地"听话"，但心理上的抗拒或情绪上的抵触并未消除，厌学或畏惧上学的负面情绪使他很难融入群体生活中，"不愿意上学"逐渐成为常态。

埋怨

埋怨孩子、埋怨学校、埋怨自己。

埋怨孩子不争气、不长进。这会让孩子觉得自己不够好，更加逃避对抗，增加了恐惧和不安。

埋怨老师、学校不尽责，推卸家庭教育的责任，会让孩子更加觉得学校不好，自己不想上学。

埋怨自己教育失败，"自责"其实也是在逃避现实，于事无补。然而这却是我们这一代父母习惯的思维方式。几位家长幽怨地说："我对教育孩子越来越没有信心了！"这就是遇事总陷入负面思考、自怨自艾的结果。

强迫

以惩罚性手段逼迫孩子上学，例如取消孩子喜欢的一些活动或玩具。

这是家长最为粗暴的做法，效果立竿见影，但是孩子会在委屈、不安中勉强上学。问题不仅没有解决，反而造成了孩子对家长的不信任与亲子关系的疏离。

针对学校恐惧症，家长应当不断提升自己的认知以及解决问题的能力，并积极与学校老师一起解决问题。主要可以从以下四个方面着手：

用理解和同理来取代责备和发怒

当孩子对上学感到恐惧时，父母应耐心倾听他们的担忧，并尝试找出恐惧的根源。用"你怎么了？"取代"干嘛不去上课？"来了解发生了什么事。毕竟我们大人也有不想上班或逃避某些项目的时候，这很正常。重要的是，保持与孩子沟通的畅通，让孩子感受到，家庭永远是孩子的靠山，家长永远都是孩子值得信任的朋友。

判断孩子不去上学的可能原因

家长可以先从孩子的回答中思考不愿上学的根源，同时与学校沟通，了解孩子在校情况，寻求老师的建议和帮助。如果还是找不出根源，建议寻求专业咨询师的帮助。

协助孩子面对和处理问题

用绘本故事、孩子喜欢的卡通或动漫人物和生活经验与孩子讨论他们对上学的感受及恐惧，以及他们害怕担忧时，可以做些什么事，从而帮助他们降低负面情绪。可以强调上学的正向经验，引导孩子参加课外活动，培养兴趣爱好，增强自信心。

第 6 计

知己知彼

理解
是爱的前提

知己知彼

农民种庄稼，光靠爱，不行，只有懂种庄稼之道才有好收成；
教育孩子，仅有爱，不够，只有懂孩子的成长规律才有好未来。

陪孩子学习时，看到孩子磨磨蹭蹭，不停跟我们对着干，我们觉得忍无可忍，情绪脑的"按钮"就会"嘭"一下打开，这时部分情绪脑就会支配我们按动物的本能方式来行事，让我们去"战斗"，身体中的肾上腺素迅速增加，心跳加快，血液更多地被调动到四肢，大脑供血不够，从而导致思维能力下降，抑制力下降，我们就会被情绪脑控制住，进而开始发火。

双胞胎儿子三年级时，学面积计算公式：正方形面积等于边长乘以边长，长方形面积等于长乘宽。我想拓展一下，就教给他们平行四边形的面积算法：底边乘以高。可是他们始终绕不过来这个弯：为什么正方形面积可以两个边相乘，长方形面积也可以两个边相乘，平行四边形就不行，难道就因为一个边斜了吗？这让我哭笑不得，可不管怎么解释，他们始终无法理解。一气之下，我发火了，甚至怀疑他们是故意的。等我情绪缓和后，我才意识到孩子的认知发展是分阶段的。之后我马上找出书来翻阅，当我再次学习皮亚杰的认知发展理论时，了解到儿童发展到11岁的时候，才进入形式运算阶段，我的儿子之所以无法理解平行四边形面积，是因为他们还不能很好地进行推理运算。当我知道了这一点后，释怀了情绪，再辅导孩子功课的时候，变得更加耐心了。

运用到实际生活中，**在辅导孩子功课时，我们如何翻转情绪呢？**

读懂孩子的成长规律

我记得很清楚，两个儿子四年级的时候，忽然对数学的理解能力上升了一个大的台阶，这也许就是很多成年人口中的"开窍"了。无知的代价是巨大的，懂是爱的前提，当我们不懂孩子成长规律时，往往会莫名其妙地发火，孩子不仅不能理解，还会丧失学习的信心。

我们成年人在工作上肯花时间和精力去精进自己的能力，而我们作为父母则更需要系统地去学习，提升自己的认知。当我们对家庭教育、对孩子成长规律多一份认知的时候，就能读懂孩子的成长规律，了解他们在不同年龄段的生理和心理特点，更好地理解他们的行为需求，减少不必要的误解和冲突，在辅导孩子学习上也会淡定许多。

调整孩子的学习环境

心随境转，环境变了我们的心情也会随之改变。心理学家罗伯特·萨普尔（Robert Sapolsky）在其著作《解压手册：为什么斑马不会得胃溃疡》中提到，环境对情绪和行为有着深远的影响，一个积极、有序的环境可以显著提高学习效率和情绪状态。

视觉

保持学习环境的整洁和有序，可以减少孩子的分心。研究显示，杂乱无章的环境会增加人的压力水平，从而影响学习效果。使用柔和的灯光和温暖的色调，可以营造一个温馨舒适的学习氛围。

听觉

播放轻柔的背景音乐或自然声音，如雨声、海浪声，可以有效减轻压力，提高专注力。研究表明，音乐对大脑的正面影响不容忽视，它能够促进大脑的放松和集中。家长可以尝试在孩子学习时播放一些古典音乐，如莫扎特的《小夜曲》，这不仅能够提升学习氛围，还能帮助孩子更好地集中注意力。

嗅觉

使用一些芳香精油，如薰衣草、柠檬或迷迭香，可以提升学习环境的清新度和舒适度。据《心理科学》杂志发表的一项研究，薰衣草的香气可以减轻焦虑，提高情绪，而柠檬和迷迭香则能提神醒脑，增强记忆力。家长可以在孩子的房间内放置一个香薰机，适时添加这些精油，为孩子创造一个愉悦的学习环境。

味觉

准备一些健康的小零食，如坚果、水果或酸奶，可以为孩子提供必要的能量，同时也能缓解学习过程中的压力。研究表明，适量的健康零食可以提高大脑的活力和注意力。家长可以为孩子准备一些小包装的坚果或切好的水果，放在书桌上，方便孩子随时补充能量。

感觉

确保孩子有一个舒适的坐姿和合适的桌椅高度，可以减少学习过程中的身体不适。《人体工程学》杂志的一项研究指出，合适的桌椅高度可以显著降低颈椎和腰椎的压力，提高学习效率。家长应定期检查孩子的坐姿，确保其背部挺直，双脚平放在地面上，以减少长时间学习带来的身体疲劳。

通过视觉、听觉、嗅觉、味觉、触觉环境的改变，我们家长可以为孩子创造一个高能量的学习环境。积极、有序的学习环境既能帮助我们调整情绪，也帮助孩子拥有好情绪，孩子在安全感满满的状态下，学习效率也会提高。

学习之前先感恩

A.J. 雅各布斯在其著作《感恩的力量》中指出：感恩能够显著提高个人的幸福感和生活满意度，减少负面情绪，增强社会联系，从而为学习创造更加积极的环境。

我们每天和孩子聊天的时候，常常把感恩挂在嘴边，每天都花几分钟时间记录下当天值得感恩的事情。这种习惯能帮助我们保持积极的心态，学校里发生好的事会感恩，不好的事也会从中看到好的一面，再转化为感恩。每当遇到困难时，孩子都会想起那些让他感恩的人和事，这可以给孩子继续前进的动力。

感恩是可以激发我们的内在动力的，在一项针对大学生的研究中，研究人员发现，那些在学习前花时间表达感恩的学生，不仅学习效率更高，而且在面对挑战时也更加坚韧不拔。这种内在的动力不仅来源于对知识的渴望，更源于对身边人和社会的感激之情。

在我们陪孩子学习之前，家长应当保持积极的情绪状态，珍惜与孩子相处的每一刻，感恩他们带来的成长和挑战，这不仅能让我们在面对困难时保持平和的心态，还能增强家庭的凝聚力，为孩子提供一个充满爱与安全感的环境。有效地陪伴孩子学习，为他们树立正面的榜样，确保我们的孩子能够在爱与关怀中健康、快乐地成长。

第 7 计

以柔克刚

应对青春期孩子情绪化『雷阵雨』

以柔克刚

当父母以温柔而坚持的态度，带着最初养育孩子的爱来陪伴青春期孩子时，孩子将学会如何管理情绪、提高自制力。在爱的陪伴下，孩子将更有勇气面对未来，更有信心成为更好的自己。

情绪化是青春期孩子身心发展的自然特征，他们的生理发育迅速，感觉器官也日趋成熟，对外界刺激非常敏感。当孩子缺乏安全感时，情绪就会容易产生波动。我们在前面章节中讲过三体脑理论：原始脑、情绪脑和理智脑。而在青春期，他们的情绪脑是最容易被激发的。

青春期孩子的情绪常常有易波动性、强封闭性、烈性极端性的特点，可能上一秒还风和日丽，下一秒就狂风大作。青春期孩子的情绪可以分为：强烈情绪和非强烈情绪。

强烈情绪指的是那些激烈、明显且难以控制的情感反应，如极端的愤怒、悲伤、恐惧或欢乐，这些情绪通常伴随着明显的生理反应，并可能严重影响孩子的思考和行为。

非强烈情绪指的是相对平稳、温和，不会对孩子的日常生活和行为产生巨大冲击的情绪，比如轻微的快乐、烦恼或失落。

情绪具有很强的传染性，孩子情绪的起伏变化也会直接影响到家长的情绪波动。家长常常成为孩子情绪发泄的第一对象，在孩子摆脱情绪控制的挣扎过程中，也可能会对家长说些很难听的话，或者做出不理性的行为。更让父母招架不住的是青春期的孩子还会把自己封闭起来，把门一关，不愿意和父母沟通。这些情绪特点非常考验父母教育的灵活性。

如何应对青春期孩子的强烈情绪？

家长应时刻觉察自己的情绪，不要被孩子的情绪点燃，家长情绪的稳定程度决定了是否有能力在孩子应对青春期情绪压力时，提供有效的帮助。

家里准备一些用于宣泄情绪的工具如尖叫鸡、人面球等。在孩子的情绪强烈或者是跟父母产生激烈冲突的时候，他可以用这些工具来宣泄情绪。

父母不要在孩子情绪化的时候试图和孩子讲道理，等到他情绪缓和之后再和他沟通。

如何应对非强烈情绪？

第一步：询问孩子情绪的来源，让孩子感受到被理解、被看见。

第二步：问问孩子是否愿意分享他经历的事情和内心的

波动。

第三步：复述孩子的情绪和事件，确认自己是否理解，让孩子感受到父母在倾听他。

在孩子情绪低落的时候，我们父母要做的就是陪伴，不带主观评判地允许孩子表达自己的情绪。孩子表达的过程，也是情绪释放的过程。如果我们做父母的只是"见招拆招"，看似化解了孩子每一次的情绪，但是并没有从根本上解决问题，所以最重要的还是培养孩子的情绪自制力。

很多父母觉得孩子自制力差，认为孩子只是"不想"做好，他们只要努力就能做到，但实际上并不是这样。影响自制力的因素包括生理因素和心理因素，生理因素涉及大脑中的前额叶，前额叶要到个体25岁左右才能发育成熟。青春期孩子的前额叶尚未成熟，因此其自制力水平也相对有限，这不是通过训练就能大幅提高的。但心理因素却是相对可控的，所以我们可以通过调节影响自制力的心理因素来提高孩子的自制力。

改变孩子的认知

父母要尽可能让孩子清楚做某件事的目的、意义和价值，孩子的认知越明确，行动的动机越强，自制力也越强。一开始，父母可以多谈做某事对孩子的好处，调动孩子的积极性。这里的好处指的是对孩子有吸引力的地方，而不是父母所认为的好处。比如在写作业这件事上,"有更多的时间玩耍"就是"保质保量地完成作业"的好处。切忌一开始就与孩子谈重大的目的和意义。

锻炼孩子的意志力

锻炼意志力可以使人直接感受到自制力的提高。原理是锻炼意志力相当于提高前额叶的功能,这将不仅从心理上,也能从生理上提高自制力。锻炼意志力的方法就是坚持做"苦差事",比如长跑、登山等一些让人感到辛苦、不想做的事情。这些锻炼意志力的方法通常会让孩子很难接受,父母可以与孩子同训练,比如一起长跑、登山,互相监督。

行为塑造法

通过行为塑造法来提高孩子的自制力,实质是在帮助孩子养成习惯。正所谓"习惯成自然",父母可以借助习惯的力量帮孩子改变自制力差的问题。人们在完成需要自制力才能完成的事情时,都需要克服天性中就存在的阻碍。父母要想让孩子战胜天性,最有效的办法就是奖励孩子。不论是培养孩子养成良好行为,还是改变孩子的不良行为,在孩子缺乏自制力时,奖励都是很有效的方法。

当父母以温柔而坚持的态度,带着最初养育孩子的爱来陪伴青春期孩子时,孩子将学会如何管理情绪、提高自制力。在爱的陪伴下,孩子将更有勇气面对未来,更有信心成为更好的自己。

用梵高的话结尾:"爱之花开放的地方,生命便能欣欣向荣。"

存在感，简单来说就是孩子在学习过程中感受到自己被重视、被认可的程度。当孩子自己的存在和贡献被他人看见和赞赏时，他们会更加自信，从而更有动力去探索和学习。

为什么"存在感"如此重要呢？因为每个孩子都渴望被关注、被肯定。当他们在学习上取得进步或者表现出色时，如果能够得到老师、家长或者同伴及时的瞩目，并给予认可和鼓励，他们就会感受到自己的价值，进而增强自信心和学习动力。相反，如果孩子在学习上的努力和成就总是被忽视，他们的自信心和自我存在感会因此受到打击，他们会很容易产生挫败感，进而对学习失去兴趣。

第三章

存在感：孩子学习上的自信底气

第 8 计

肯定自我

重视孩子的『自我意识』

肯定自我

自我意识和存在感是相互作用的。一方面,自我意识引导我们去追求和建立存在感;另一方面,存在感又反过来影响和调节我们的自我意识。

记得儿子两岁的时候,他对镜子产生了浓厚的兴趣,每当他来到镜子面前,我都会问他:"告诉妈妈,鼻子在哪里?"他就会指着镜中自己的小鼻子说:"在这里!"当孩子能够清晰地识别镜子里的人是自己时,就表明他已经有了"我"的概念,这便是一个孩子"自我意识"的开始。下面让我们了解一下"自我意识"是什么。

阿姆斯特丹的科学家进行了一项心理学上有趣的"点红实验",基于动物学家盖勒帕的实验,该实验旨在测试黑猩猩是否能感知"自我"。在此基础上,阿姆斯特丹的科学家以88名三个月到两岁大的婴幼儿为实验目标,进行了类似的"点红实验",从而在婴儿自我觉知领域的研究上取得了突破性进展。

在实验开始时，测试人员会趁婴儿没有注意时，在其鼻子上涂上一个没有刺激反应的小红点，这个小红点除了照镜子时可以看到，宝宝本身并无任何其他直接感知，之后工作人员在一旁静静地观察婴儿照镜子时的反应。

如果宝宝可以在照镜子时发现自己鼻子上有个小红点，并且在现实中用手去触摸这个小红点或者试图擦除，那么就证明宝宝已经可以区分出自己的形象，也对不属于自己形象的外物有所反应。

试想一下，如果我们不了解自己的身心状态，无法意识到自己的存在，那又如何感知到自己在社会中的价值和意义呢？自我意识是存在感的基础，它使我们能够明确自己的身份、特点和能力，从而在社会中找到自己的位置和创造价值。

青春期是自我意识觉醒的关键期。此时青少年会变得更加关注自我，对身边的人的反应非常敏感，并且认为每个人都特别关注自己的言行，这种现象在心理学上被称作青少年的"假想观众"。

有良好的自我意识的孩子，能够意识并理解自己和他人都是独特的个体，他们更懂得协调自己和别人观点的差异，更懂得尊重别人，也更懂得与同伴进行合作而不是命令强迫。

有些父母习惯采取控制性的教育方式，这样往往会导致青春期的孩子产生逆反心理。对于青春期的孩子，想要一起创造良好的亲子关系，父母需要和孩子一起成长，可以多尝试以下的相处技巧：

和平和尊重

父母应当摒弃将孩子视为"听话小孩"的观念。此时孩子开始意识到自己是一个独立的个体，他们更加渴望得到父母的尊重，并期望父母能以平等和协商的口吻与他们交流。

自主和空间

青春期的孩子开始有自己的小秘密，他们可能会在自己的抽屉上上一把锁，不再像以前一样事无大小都告诉你，父母应接纳这样的变化，允许孩子有自己独立的空间。

支持和引导

青春期的身体和心理的变化，让孩子应接不暇、不知所措，他们在自我认同的探索过程中，会经历自我怀疑、内心混乱、矛盾和冲突等阶段。虽然他们的身体外形开始逐渐向成人接近，但心理上仍然有很多的困惑。这个时候需要父母给予支持和引导，在他们有困惑的时候，父母寻找时机情绪平和地和他们交谈，陪他们愉快地度过这段生理巨变期。

这个阶段的父母应当给予青春期孩子更多的尊重，以商量的口吻与他们交流，这更加有利于孩子自我意识的发展。

在与孩子一起成长的过程中,父母如何帮助孩子增进对自我意识的认知呢?

和孩子一起画"自画像"

准备一张A4纸。家长和孩子一起在纸上画自己的自画像,并且涂上颜色。在绘画的时候不要求画得像自己,只要根据自己心中的样子画就可以了。完成后,可以跟孩子一起探讨下面的问题。

"你画了一个怎样的自己?"

"你给自己穿了什么样的衣服?"

"为什么穿这样的衣服?"

"用三个形容词形容自己,你觉得是什么?"

和孩子一起看人物传记类的书籍或影视作品

和孩子一起探讨人物的优势和劣势。也可以分享如果自己是这个人物,在发生类似事情的时候,会怎样做。

有一年，爸爸带着两个儿子去看了热映的《长津湖》，孩子们对抗美援朝时期的历史产生了浓厚的兴趣，又找了《谁是最可爱的人》这本书来读，暑假我们还去了辽宁丹东，去断桥上和那段历史时空互联。爸爸问儿子："如果你是那个时代的人，你会选择扛枪上战场吗？"儿子拍着胸脯说："义不容辞，我不去谁去！"

孩子的自我意识里对自己有了更多认知，他们会在人生方向上更加向往"为人民服务"，将个人价值与国家民族的命运联结在一起。带着这样的精神力量，他们会劲头十足地投入到每一次学习与挑战中。

自我意识的冥想

知名的心理治疗师和家庭治疗师维琴尼亚萨提亚女士有一段关于自我意识的冥想可以借鉴。

我就是我。

在这个世界上再也没有第二个我。我和某些人可能会有些许相似之处，但却没有一个人和我完全相同。我的一切都真真实实地属于我，因为都是我自己的选择。我拥有自己的一切：我的身体以及我的一切行为；我的头脑以及我的一切想法和观点；我的眼睛以及它们所看到的一切；我的所有感觉——愤怒、喜悦、沮丧、友爱、失望和激动；我的嘴巴以及由它说出的一字一句——或友善亲切或粗鲁无礼，或对或错；我的声音——或粗犷或轻柔；还有我所有的行动，不论是对自己还是对别人。

我拥有我自己的想象、自己的梦想、自己的希望、自己的恐惧。

我的胜利和成功乃因为我，我的失败和错误也出于我。

因为我拥有自己的全部，我和自己亲如手足。我学习跟自己相处，爱惜自己，善待属于自己的一切。现在我可以为自己做一切事情了。

我知道，我的一些方面让我困惑，另外一些则使自己不解。但只要我仍然善待自己、爱惜自己，我就有勇气、有希望解决困惑和进一步认识自我。

不管别人如何看我，不管那时我说了什么、做了什么、想什么、感觉到了什么，一切都真真实实地属于那时的自我。

当我回想起自己的表现、言行、思想和感受，发现其中一部分已经不再适宜，我会鼓起勇气去抛弃不适宜的部分，保存经证实是适宜的部分，创造新的代替被抛弃的部分。

我要能够看、听、感觉、说、做。我能够生存，能融入群体，能有所贡献、有所作为，让我所处的世界、我周围的人和事因我的存在而井井有条。

我拥有自我，那么我就能自我管理。

我就是我，自得其乐。

随着社交媒体和虚拟网络的普及，人们的自我意识被进一步加强，但同时人们也更加容易受到外界的影响。在这种情况下，我们需要通过积极的社交互动来增强存在感，同时也需要保持对自我意识的清醒认识，避免陷入过度的内省和自我怀疑之中。

第 9 计

及时回应

孩子，我们一直在

及时回应

我们应该先关注孩子的情感,再关注具体的事情。只有这样,孩子才能感受到自我存在的价值,因为有价值所以有自信,因为有自信,学习上更有动力。

你有没有听到家长这样说过:"吃的给你,喝的给你,零花钱也给你,你还有什么不满足的,还不好好学习?"

父母为孩子提供温暖的家,让孩子物质上得到满足,从不虐待或忽视孩子,但却有可能忽略了孩子在学习中面临的压力,或者与同学相处时的不愉快。

"我感觉我的父母不理解我。"这是我与年龄稍大的孩子沟通时常听到的一句话。这种情况可能有两种原因:

一种是父母忽视孩子的学习,甚至忽视孩子的存在。孩子经常会想:"我学不学习不重要啊,我将来成为什么样的人也不重要啊。虽然老师说学生的任务是学习，但是没有人看到我的努力，也没有人辅导我的功课""无所谓，我不重要，有我没我都行"……当孩子在这种信念的影响下开始质疑自己的学习能力时，便逐渐丧失了对学习的自信。

另一种是父母只关注学习，好像除了学习就没有其他重要的事情，孩子的感受不重要，孩子的心理需求不重要。这会让孩子感觉自己只是学习的工具，在家里没有其他意义和价值。这会给孩子带来巨大的学习压力，似乎他们必须不断取得优秀的成绩才能得到父母的认可和赞赏。这种焦虑和压力容易导致他们对学习失去信心，害怕面对困难和挑战，进而倾向于逃避到游戏世界中。

有没有发现孩子常常喊"妈"？一进门，喊妈；饿了，喊妈；作业不会了，喊妈。甚至有一段时间，网上流行"不要喊妈平等条约"。

其实，孩子不仅仅是外在行为上需要妈妈，更重要的是他们心理上需要妈妈的支持。当孩子还是个小婴儿时，就开始用眼神、肢体和咿咿呀呀的语言和妈妈沟通。即使孩子长大了，父母的及时回应依然能够增强孩子的自我存在感。

==因此，在日常的亲子互动中，如何给予孩子回应，让他感受到父母的爱和关注呢？==

第一步：聊一些与学习无关的话题

我们跟孩子沟通的时候，可以暂时避开学习方面的话题。这么做可以让孩子感受到父母的真心关怀，知道父母的关注不仅仅限于学习，还包括其他方面。

当孩子放学回家后，我们可以开心交谈的一些话题：

• 学校里的话题：午休活动、有趣的老师、关系不错的朋友、体育课、美术课、校园口头禅、校园段子、风靡校园的小游戏等；

• 学校的活动：运动会、文化节、升旗仪式、大扫除、联欢会等；

• 孩子的兴趣：漫画、书籍、明星、历史、体育运动、宠物等；

• 孩子想尝试的活动：登山、滑雪、骑马、旅游等；

• 孩子有成就感的事情：体育比赛获奖、游戏总是赢、被老师赞赏等。

通过这样的聊天，亲子关系会更加轻松愉快。

第二步：愉快地交谈之后，再引入学习的主题

在这一步中，家长需要逐步引入学习话题，并倾听孩子的表达。与孩子讨论学习方面的话题，包括学科内容、家庭作业、课程难易程度、是否参与课堂讨论等。

此外，我们在倾听孩子表达时，最好应该注视孩子的眼睛，面带笑容，随声附和。试想一下，如果我们对面坐着一个专心倾听我们讲话的人，那么谁会不愿意表达自己的想法呢？

在家庭教育中，父母可以通过及时回应孩子的需求和想法，让孩子感受到被关注和被重视，从而增强孩子的存在感。首先我们应当聚焦于孩子的情感需求，随后再着手处理具体事务。这样的顺序至关重要，因为它能让孩子深切体会到自己作为独立生命个体的存在价值。正是这份被珍视的感觉，可以构筑孩子自信的基石；而自信心确立之后，又会成为驱动他们在学习上不断前行的强大动力。

第 10 计

并肩作战

摆出「父母和你一起战斗」的姿态

并肩作战

父母不再是高高在上的权威,而是与孩子并肩同行的伙伴,他们用自己的行动诠释着"爱"的真谛,让孩子在成长的道路上不再孤单。

在一次家庭教育课堂上,屏幕上的一句话赫然醒目:**"你那么好,你孩子知道吗?"**这句话引发了全场家长的深思。对啊!我们那么好,孩子知道吗?

我们在工作上尽心尽力,披荆斩棘,收获了很多成果和高光时刻。可是回到家里,正装一脱,小烟一抽,和另一半小架一吵,抖音一刷。孩子看到的不是我们在工作中的样子,而是我们在生活当中的模样。

我们这一代人,小时候可以肆无忌惮地玩耍,学校的功课很简单,留得也少,父母忙于生计压根顾不上我们。然而,现在的孩子们却不是这样,他们要学的东西远远比我们多得多。以前,我们初中阶段才开始学习英语;如今,孩子们小学三年级就已经开始学习英语。我们小时候几乎不参加补习班，如今，幼儿园就已经成为孩子们参加各类兴趣班的起点。我们这一代人，似乎不自觉地成了那种过分热衷于教育孩子的"鸡娃父母"，而孩子们，在这种氛围中，变成了承受重重压力的娃娃。

既然压力无法避免，那么当孩子在学习的时候，父母就不要躺在沙发上，举着手机不停刷着短视频，同时嘴里念叨着孩子不努力之类的话。当孩子独自面对功课上的重重压力，明明孤独无助的时候，感受到的却是父母的不重视。前面讲过人类强大的镜像神经元，==当我们这样懒散放纵自己时，孩子也会不自觉地生出疑问："凭什么你们大人可以这么自由，我们小孩子就不可以？"==而且孩子还会不自觉地模仿大人。"龙生龙，凤生凤，老鼠的孩子会打洞。"父母给不了孩子连自己都没有的东西。

我周末去书店的时候，经常看到孩子学习的身影，坐在这些孩子旁边的一般都是打开笔记本电脑工作或者也拿着书在读的父母。因为孩子的镜像神经元会不自觉地模仿眼前的人，所以父母希望孩子怎么做，父母也要怎么做。

在我家里，客厅既没有沙发也没有电视，有的是书架和大大的学习桌，我和孩子爸爸经常在这里处理工作，看书学习。孩子也常常会拿着作业到客厅里跟我们在一个桌子上学习。我们都在各自伏案完成自己的功课，没有太多的语言，却都能深刻地感受到彼此的存在、彼此的陪伴。我们以实际行动告诉孩子：学习不仅仅是学龄期学生的事，更是一辈子的事，不管多大年龄，都需要读书、学习和成长。

下面列出一些父母可以和孩子一起学习成长的计划清单，供大家参考。

1. 父母分享自己从小到大的成长故事。

2. 父母与孩子一起锻炼身体，制定目标。比如每天跑多少步，减重多少斤。

3. 父母与孩子一起制作走进大自然的计划，写思想日记，感知大自然的神奇。

4. 父母与孩子一起看电影，分享感悟和收获。

5. 父母把自己的工作计划贴在墙上，孩子在完成学习计划的时候，也能看到父母的工作进程。

6. 父母可以与孩子共读一本书，分享读书的喜悦。

7. 父母可以与孩子一起饲养宠物，体验为生命负责任的感觉。

"教育是一棵树摇动另一棵树，一朵云追逐另一朵云，一个灵魂唤醒另一个灵魂。"这是哲学家雅尔贝斯关于教育本质的阐述。在我们的家庭教育课堂上，也有不少孩子和家长一起走进课堂。每每看到全家人一起记笔记时，我都忍不住用手机记录下这美好的瞬间。生命的存在本身就是伟大的奇迹，何等的缘分，让孩子成为我们的孩子。因此，请耐心陪伴孩子一起成长，享受生命蜕变的过程。

第 11 计

独一无二

多子女家庭，
如何让每个孩子都觉得自己很重要

独一无二

孩子想要的不是公平，而是全部的爱、独一无二的爱。

有一个令人痛心的案例：一个13岁的女孩相继用"逃学""跳楼"等语言威胁打算生二胎的父母，最终以割腕的方式迫使怀孕14周、已经44岁的母亲终止了妊娠。从中反映出老大的心理："我最重要，我的位置谁也别想取代！"

我们看到不少二胎家庭出现过这样的情况：老二一出生，老大的情绪就会出现波动，没心思学习，成绩直线下降。**是什么导致了这种情况？父母又该如何应对呢？**

父母应意识到，第二个孩子的到来对家中第一个孩子造成的影响是相当大的。当第一个孩子步入小学阶段后，如果家中迎来了第二个孩子，那么第一个孩子学习成绩出现下滑的情况可能难以避免。这主要是因为，在孩子的心理层面，他们可能会感受到原本独享的父母之爱即将被新到来的弟弟或妹妹分走，从而产生自己不再被视作唯一、变得不再重要的情绪。

有一个朋友，女儿7岁，弟弟2岁。最近一年里，原本乖巧的女儿在学校成了"捣蛋鬼"。老师反映，女儿经常和同学吵架，喜欢拿同学的东西，像没长大的幼儿园小朋友。这个朋友很困惑，觉得自己的家教做得挺好，可是为什么女儿在学校总被叫家长呢？

在和她的交谈中得知，在她和老公的心中，觉得姐姐就应该让着弟弟，甚至会拿自己的孩子和别人家的孩子比较。有一次，在妈妈责骂女儿时，女儿哭诉道："我吃饭没擦嘴，你骂我，弟弟吃得满桌都是，你还夸他吃得好""我哭你就骂我，弟弟哭那么久你却抱在怀里哄"。

分析一下女儿作为姐姐的心理，我们发现，当姐姐看到什么都不会的小宝得到了妈妈的爱时，自己也出现了行为上的倒退，想着变小就可以得到大人的宠爱，于是本来能做的事不肯做、拖拉，吃饭不干净、哭闹。这其实是老大常有的心理："我要变小，爸爸妈妈才会爱我。"

发展心理学研究表明，两岁以后，孩子会慢慢产生愤怒、不安、恐惧等情绪，并且会因为渴望得到爱而萌发出嫉妒的心理，最常见的嫉妒对象就是身边的人。别的小朋友如果抢夺爸妈的拥抱，那是他们绝对不允许的事情。有些孩子最不能容忍的就是爸妈再给自己添一个小弟弟或者小妹妹。

我家是两姐妹，我有一个小我 5 岁的妹妹，在我小时候，我也会萌生嫉妒而不断地问："妈妈，你爱我多还是妹妹多？"相信二胎家庭中的孩子也会问妈妈这个问题。妈妈常常会公平回答："一样多，因为你们两个都是我的宝贝。"**可是这种回答却不是孩子心中想要的答案，孩子想要的不是公平，而是全部的爱、独一无二的爱。**

我的父母，对我和妹妹之间的平衡做得很好。记得上了中学，妈妈给我买了一辆自行车，告诉我"你是我的大闺女，不给你买给谁买"。这种爱是自己独有的，其他兄弟姐妹享受不到的，有了这样的爱，大宝就会确定，虽然妈妈较多时间在照看小宝，但她最爱我。这样，大宝在行为和情绪上当然都能快乐发展。==那么如何在大宝小宝都重要的情况下，让每一个孩子都感觉到"虽然爸妈两个都爱，但自己才是爸妈的最爱"呢？==

父母要接受孩子的嫉妒情绪

在处理问题行为前，我们要先确定的是：情绪本身并无过错，问题在于他们表达情绪的方式。大宝嫉妒情绪的出现大多是因为担心小宝抢了自己的爱，于是他们采取行动来希望自己争取更多的爱。所以当大宝出现不好的情绪时，我们不要压制他，而是要接纳和理解他的情绪，比如"你不想让妈妈总抱着妹妹,想让妈妈和你一起玩是吗?""你担心爸爸妈妈不爱你,没有时间陪你了是吗?"当我们接纳了大宝的情绪后,他会感到释然。

父母辛苦营造的哥哥爱弟弟的氛围,常常会被其他大人的一句玩笑"有了弟弟,爸爸就不爱你了",或者一句对小宝的恭维"哟,还是小宝可爱"所打破。所以父母要和周围亲戚达成一致,两个都是父母的最爱,夸的时候两个都要夸。大孩子对弟弟妹妹的嫉妒是天性,但他们对弟弟妹妹的爱也是天性。每个孩子的骨子里其实都有一种保护弱小的欲望,更何况这个弱小是那个仰望他、模仿他、追随他的弟弟妹妹,血缘的关系会将他们紧密相连。而在嫉妒与爱之间,大孩子需要一个心理适应期来感受嫉妒带来的愤怒和爱带来的柔软之间的冲突,然后在这份冲突的磨合中,真正产生作为哥哥姐姐的责任感和自豪感。作为家长,我们的任务是帮助他们愉快、自然地度过这个适应期。

多利用肢体语言,充分地拥抱孩子

研究表明,人类通过语言获得的信息是 7%,而另外 93%的信息都是从其他途径获得的。所以在对孩子表达爱时,除了语言,我们还可以用像歌曲《爱我你就抱抱我》里所唱的"爱我你就抱抱我,爱我你就亲亲我,爱我你就陪陪我"等途径来表达。当孩子站在你对面和你说"你根本就不爱我,你只爱他"

时，不要和他争辩，可以直接走过去把他抱起来，亲昵地拍他的后背，让他感受到你的爱，而不是"知道"你的爱。

我记得有了妹妹后，最想让爸爸把我举高高，妈妈也能够抱抱我，可是我心里却在告诉自己："我已经是大孩子了，不应该再被爸爸妈妈抱了。"但是爸爸妈妈似乎能读懂我矛盾的内心，他们每天都会拥抱我。当被抱在怀里的那一刻，我体验到了存在感，此刻被抱的只有我，我能闻到妈妈的味道，感受到妈妈的怀抱，听到妈妈的呢喃，我感受到了我很重要。如果你的大宝还在学生阶段，不妨在他每天放学回家时，给予他一个深情的拥抱，并告诉他："此时此刻，爸爸妈妈的怀抱只属于你！"

分别给予孩子"特殊时光"

妈妈要照顾新生的小生命，对大宝的关注难免会减少。这时高质量的独处时间就特别重要。我们需要给大宝一个"特殊时光"，这个时间是专属大宝的，在这段时间里妈妈可以和大宝一起讲故事、搭积木、散步、看儿童剧，放下生活中的琐事，真正地和大宝玩在一起，关注对方，两个人在内心深处紧密地联结。这样，大宝一定能真真切切地感受到自己是妈妈的最爱。

妈妈可以这样跟大宝说："儿子（女儿），在妈妈心目中，你是最重要的，在妈妈还不知道怎么做妈妈的时候，你就来到了我的身边，你陪伴妈妈的时间比弟弟（妹妹）要长好几年，你永远都是妈妈的长子（长女），最爱的人。"当我们给孩子表达了"你最重要"后，孩子往往会展现出如同家中长子或长女般的责任感与担当精神。

巩固老大的位置，让大宝当老师

爸爸妈妈可以在老二前面巩固老大的位置，并且可以赋予老大"老师"的角色，让老大把在学校学的知识教给老二。这不仅可以让大宝感受到自己的责任和担当，同时也可以帮助小宝更好地学习和成长。

大宝可以结合自己的学习和生活经验，为小宝提供指导和帮助。例如，大宝可以指导小宝如何正确地完成作业，如何掌握一些生活技能等。通过大宝的指导，小宝可以更快地掌握知识和技能，提高自己的学习能力和生活能力。大宝教小宝还可以增强家庭成员之间的互动和沟通。在教小宝的过程中，大宝和小宝可以更加了解彼此，更快地增进彼此的感情。这种互动和沟通可以让家庭更加和谐，让每个家庭成员都能感受到家庭的温暖和幸福。

在多子女家庭中，如何让每个孩子都觉得自己很重要，是父母的一项必修课。我们需要努力营造一种氛围，让每个孩子都能感受到自己是独一无二的存在。这意味着，父母需要倾听每个孩子的声音，认可他们的独特之处，并给予个性化的关注和鼓励，让孩子们感受到尽管家中兄弟姐妹众多，但每个人都是不可或缺的，每个孩子都拥有着自己独特的价值和地位。

第 12 计

独行亦勇

忙碌父母
如何传递关爱与存在感

独行亦勇

关爱与存在感是孩子们成长过程中必不可少的元素,因此我们要努力通过日常交流和陪伴来传递爱与关怀。

在快节奏的现代社会,很多爸爸妈妈为了家庭生计而忙于工作。这种忙碌往往导致他们与孩子相处的时间减少,容易让孩子产生被忽视的感觉。然而,工作繁忙并不意味着无法传递爱与存在感给孩子。如何在繁忙的工作之余,传递关爱与存在感,成为很多父母需要解决的挑战。

我和老公都工作繁忙,经常需要出差。虽然由于工作原因让我们无法每天陪伴在两个儿子身边,但我们始终努力让他们感受到我们的关爱与存在感。每次出差时,我们都会尽量在晚上与儿子们视频通话。我们会询问他们一天的学习和生活情况,听他们分享学校中的趣事,以及他们与朋友之间的相处。这样的交流让我们始终保持与他们的紧密联系，让他们知道我们时刻关心着他们。

我们深知，关爱与存在感是孩子们成长过程中必不可少的元素，因此我们要努力通过日常交流和陪伴来传递爱与关怀。每当我们回家时，我们会抽出时间陪伴他们。我们会共同尝试一些亲子活动，比如一起去看电影、去公园运动。我们会积极参与他们的生活，尽量给予他们支持和鼓励，让他们感受到我们的支持和陪伴。

此外，我们也注重与他们的情感交流和思想交流。我们会经常告诉他们我们有多么爱他们，分享最近几天我的感悟和成长。我们会在睡前给他们一个拥抱和吻，让他们感受到我们的爱和温暖。

==忙碌的父母，如何传递给孩子关爱和存在感呢？== **可以从以下几个方面着手。**

了解质量时间的重要性

设定专属时间：爸爸妈妈可以设定每天的某个固定时间段，专门陪伴孩子。在这段时间里，全心全意地与孩子互动，并去除手机、电视等干扰因素。

利用碎片时间：即使工作繁忙，也有很多碎片时间可以利用。比如在上班前、下班后、午休时间，给孩子一个拥抱、一个亲吻，或者简短地聊聊天，这些都能让孩子感受到关爱。

学会表达爱

言语表达：不要吝啬对孩子的赞美和鼓励。应该要经常告诉孩子你有多么爱他们，他们对你有多么重要。

肢体接触：通过拥抱、亲吻、牵手等肢体接触，让孩子感受到温暖和安全。

主动参与孩子的生活

了解孩子的兴趣：关心孩子喜欢什么，对什么感兴趣。即使你不能陪伴他们做每一件事，但了解他们的兴趣点，会让你与孩子有更多共同话题。

参加重要活动：尽量参加孩子的重要活动，如学校演出、运动会等。你的出现会让孩子感到骄傲，感受到你的支持。

与孩子建立良好的沟通渠道

倾听：当孩子与你分享心事时，应认真倾听，给予回应。让他们知道你关心他们的想法和感受。

分享：与孩子分享你的工作和生活，让他们了解你的辛苦和付出。这不仅能增进理解，还能激发孩子的同理心。

积极创造家庭仪式感

家庭聚餐：尽量保证每周至少一次家庭聚餐，让全家人共度欢乐时光。在餐桌上，分享彼此的日常，增进感情。

庆祝特殊日子：在生日、节日等特殊日子里，举行简单的庆祝仪式，让孩子感受到家庭的温馨与欢乐。

鼓励孩子独立自主

培养自理能力：教孩子学会基本的自理技能，如穿衣、洗漱等。这样既能减轻父母的负担，也能让孩子产生成就感。

设定小目标：与孩子一起设定一些小目标，鼓励他们独立完成。当他们完成时，给予一定的表扬和奖励。

寻求外部支持

亲朋好友：邀请亲朋好友帮忙照顾孩子，偶尔带孩子出去玩，让孩子感受到家庭的延伸。

托管服务：选择合适的托管机构或学校，让孩子在课余时间得到妥善照顾。与托管人员保持良好沟通，确保孩子得到关爱与陪伴。

每个孩子都是独特的个体，他们渴望被关爱、被理解，我们要时刻保持耐心和包容，给予孩子足够的时间和空间去成长。因为每个孩子都有自己的节奏和方式，他们会在自己的道路上慢慢前行，逐渐展现出属于自己的光彩。

第 13 计

左右逢源

助力孩子提升人际交往中的存在感

左右逢源

家长、教师和社会应携手合作，为孩子创造一个积极、支持性的成长环境，帮助他们在人际交往中找到适合自己的位置。

在孩子成长的过程中，人际交往的重要性不言而喻。一个能够在社交场合中如鱼得水、拥有较高存在感的孩子，往往具备更强的自信心和适应能力，也更容易获得成功和快乐。

作为家长，我们都希望孩子能够成为社交场上的小明星，那么，**究竟应该如何帮助孩子提升在社交中的存在感呢？**我们先来了解孩子在人际交往中缺乏存在感的原因。

孩子年龄成长阶段因素

考虑到前额叶在儿童早期发展阶段的成熟情况，5岁前的孩子往往以自我为中心，且难以控制情绪。

到了小学阶段，孩子的前额叶开始进一步发育，处于人际关系发展的关键时期，他们的社交技能和认知能力会迅速增长。

进入青春期后，他们的自我意识开始增强，开始更加关注同伴的看法和评价。这个阶段的孩子可能会因为追求归属感和认同感而对社交关系特别敏感。

个人性格特点的制约

内向的孩子通常在社交场合中显得谨慎且缺乏自信。他们倾向于独处，不擅长主动与人沟通，这可能导致他们在社交活动中被忽略。然而，内向并不等同于社交技能不足。内向的孩子通常更擅长倾听和深思，能在深入的交流中展现其独特的魅力。

依赖性较强的孩子在社交场合可能显得缺乏独立性。他们往往倾向于依赖他人，不擅长独立解决问题，在社交活动中容易被边缘化。在依赖性较强的孩子背后，往往站着那些事事包办的家长。虽然孩子避免了做事的艰辛，却也失去了获得成就感的机会。

过度活跃的孩子在社交场合中往往表现冲动和不成熟，容易引起他人的不满，进而遭遇社交挫折。

家庭环境

在和谐、开放的家庭中，孩子通常更自信，能更好地学会与人相处。而不和谐或封闭的家庭环境会阻碍孩子的社交发展。如果父母经常争吵，孩子可能会为了避免冲突，不愿与人交流。父母的沟通方式也会影响孩子。过度保护和溺爱会使孩子缺乏解决问题的能力，而过度严厉则可能让孩子变得孤僻。

成长因素、个人性格特点、家庭环境三者相互作用，共同影响孩子社交技能的发展，家长和教育者应综合考量这些因素，积极引导和帮助他们拓展社交圈，结交更多的朋友。可以参考以下几种方法：

报名参加社交活动

给孩子报名参加各类兴趣小组、夏令营、足球、篮球等一些团队活动，增加他们接触新朋友的机会。这些活动不仅能丰富孩子的课余生活，还能让他们在共同的兴趣爱好中找到志同道合的朋友。

组织家庭聚会

邀请孩子的同学或邻居小朋友来家里玩耍，提供一个轻松的环境让他们相互了解。家庭聚会不仅能增进孩子们之间的友谊，还能让家长有机会了解孩子的朋友圈，从而更好地指导孩子的人际交往。

参加志愿服务

一起参与社区服务或公益活动，不仅能培养孩子的责任感，还能在共同的目标中结识新朋友。志愿服务活动不仅能让孩子感受到帮助他人的快乐，还能提升他们的社会存在感。

利用社交媒体

在家长的监督下，可以让孩子通过安全的社交媒体平台与同龄人交流，扩大社交圈。合理使用社交媒体有助于孩子在虚拟世界中建立真实的友谊。

设置"玩伴时间"

定期安排与不同家庭的孩子一起玩耍的时间，可以是户外探险、图书馆阅读或是简单的家庭聚会。这种定期的社交活动能让孩子有更多机会结交新朋友，同时也能培养他们的社交技巧。

正如古希腊哲学家亚里士多德所言："人是社会性动物，无法脱离社会而单独存在。"这样的特质决定了我们在一生中都需要不断地与他人交往。在孩子的成长之旅中，家长的引导与扶持是不可或缺的宝贵财富。只有在这种和谐融洽的社交氛围中，孩子们才能够更加自如地锤炼他们的人际交往技巧，进而在社会的大舞台上更加自信地展现自我，增强他们的社会存在感。

第 14 计

协同共育

帮孩子赢得班级存在感

协同共育

协同共育,强调的是家长、教师与孩子三者之间的紧密合作与相互支持。它不仅仅是一种教育方式,更是一种教育智慧。

如果一个孩子在学校中一直被忽视、不断被边缘化,他可能会变得消极懈怠。当觉得自己在班级、学校没有价值时,孩子就很容易降低自己对学习的信心。

作为家长,我们都希望自己的孩子在学校里受重视,得到老师的关注。但事实上,老师的精力是有限的。尽管老师会尽全力顾及每一个人,但有一类孩子可能容易被忽视:那就是在学校里表现平平的孩子。他们成绩平平,没有什么特长,也没有什么特点,学校活动也很少参加。似乎不需要特殊的表扬,也没什么值得批评的地方。在学生堆里没人佩服他们,但他们随和、安静,不惹麻烦,也没人歧视或欺负他们。因此他们在群体中默默无闻,缺少存在感。被班级忽视的孩子,容易成为"隐形学生"。

在上小学三年级之前,我一直是属于这类被老师和同学们忽略的学生,几乎没有存在感。

但是有一天,妈妈带着我和妹妹出去玩,在公交车站等车的时候,我们遇到了我的班主任。本来我打算躲得远远的,可是妈妈却走过去跟老师热情地打招呼。老师看到了我,并且在我妈妈面前表扬了我,称赞我作文写得好,还说我上课很认真,让她省心。就是这样一个场景,至今还深深地刻在我的脑海里,也正是那一次被老师"看见",让我喜欢上了这位语文老师,同时也喜欢上了这门科目。从那时起,我更加喜欢写作。如今,我喜欢讲课、喜欢写作,这与那次偶然发现自己被老师重视息息相关。

因此,如果孩子在班级里的进步和表现能够被老师和同学看到,孩子会有更多的存在感,从而在学习上获得更大的动力。**那么家长如何帮助孩子在学校中建立存在感呢?** 给大家提供三个方法。

积极正向回应老师

当谈到孩子在班级中的存在感时,有一位妈妈表示:"我最讨厌那些拍马屁的家长,老师在班级群里发布一些信息,其他家长就纷纷夸奖。我觉得这样很讨厌。"因此,这位妈妈几年来很少在群里露面,也很少参加家长会,她甚至觉得教好孩子是老师的职责。然而,我们也应该意识到,老师也是普通人，也希望自己发布的一些关于学校信息和学生情况时能够得到家长的回应。如果孩子上了几年学，家长都没有主动跟老师沟通过，老师自然很容易忽视我们的孩子。

我小的时候总觉得老师高高在上，但当我进入到教育行业之后，我才更深刻地理解老师这个角色，老师其实也并非只会看到那些所谓成绩好或者聪明的学生。老师的内心其实也希望和学生有更紧密的联系，他们教学的过程需要学生的反馈，所以学生要主动地去找老师交流，这并不是打扰老师，而是在某种程度上支持了老师，这是一个教与学的双向互动。

发现孩子的闪光点

从小学开始就平平无奇的我在班级中一直没什么存在感，但老师布置的任务都会认真完成。高一时语文老师布置了一个自愿完成的课文录音作业，没想到因为这份认真，我成了班里唯一完成的同学，也恰好因为这份机遇让我被老师看见，成为班委。我在高中，入校考试在班里排名是倒数的，但是我高考是以全班第二的成绩考到师范大学的。这跟我在高一，因为这次偶然的机会得到老师重视有直接的关系。

每个孩子都有自己的闪光点。如果学校有活动，家长可以根据孩子的特点，鼓励他们积极参与学校的活动。也许在学习方面孩子并不出众，但在其他方面孩子可能有自己的特长和亮点。通过积极参与学校活动，孩子更容易引起老师和同学的关注，从而帮助他们更好地去发掘自己的潜力。

建立学校之外的社交关系

作为家长，我们可以积极主动地去帮助孩子建立学校之外的社交机会，常常进行学校之外的社交活动可以让孩子和同学的关系更亲密，他们会有更多共同的经历和话题，甚至可以把这些话题带回学校分享。这样能增加孩子在集体中的存在感。

我们可以邀请孩子的同学到家里来做客，这样的好处是孩子作为家里的小主人，可以热情款待同学。这时候，孩子就处在积极主动的位置上，更愿意打开心扉和展现自己。他可以和同学们分享玩具，分享美食。当同学们离开时，还可以给同学们准备小小的伴手礼，比如糖果和自己制作的贴画等。

协同共育，强调的是家长、教师与孩子三者之间的紧密合作与相互支持。它不仅仅是一种教育方式，更是一种教育智慧，旨在通过三方共同努力，帮孩子赢得班级存在感，为孩子的全面发展搭建起一座坚实的桥梁。

掌控感，简单来说就是孩子在学习过程中感觉自己能够驾驭学习任务，能有效分配学习时间和完成功课。当孩子有了这种掌控感，他们就会更加主动地投入到学习中，效率自然就会提高。

掌控感对孩子的学习尤为重要。如果跟不上课堂进度，学习上缺失计划，就很容易失去掌控感，久而久之孩子会感觉力不从心。如果他们觉得自己对学习毫无掌控，每次都像是在碰运气，那他们怎么可能全心投入呢？

掌控感是孩子高效学习的关键，在本章节中我们将一同深入探索并掌握一系列有效的学习方法，帮助孩子找到并拥有这份宝贵的掌控感！

第四章 掌控感：高效学习的关键

第 15 计

惜时如金

培养孩子
掌控**时间**的能力

惜时如金

时间观念不仅仅是孩子的事,更是全家人的事。我们可以通过陪伴孩子感知时间,来训练我们的时间管理能力。

在进行家庭教育讲座的过程中,我被低年级家长询问最多的问题是:"孩子写作业拖拉磨蹭,没有时间观念怎么办?"

拖拉磨蹭的习惯,就像一个看不见的小偷,把我们的时间悄悄偷走。既定要做的事情一拖再拖,最后大人火气冲天,孩子却一脸无辜。为此,很多父母都苦不堪言。

一集动画片看完了,孩子会说:"妈妈我再看十分钟。"十分钟过去了,他们又会说:"再看一会儿。"

本来七点半要准时出门的,可是七点二十五分了,鸡蛋还没吃完,鞋子还没穿好。

说好的周六早上写两个小时作业再去玩,可是等到小伙伴来叫了,作业还没拿出来。

那么，请父母们好好回忆一下自己是否说过这样的话。

孩子问："妈妈，你什么时候忙完啊？"

妈妈回答："一会儿就好。"

请问，一会儿是多长时间呢？5分钟？15分钟？半小时？

最主要的问题在于，不仅仅孩子对时间的感知力不强，就连我们家长也同样缺乏强烈的时间感知能力。为了让父母和孩子拥有敏锐的时间感知能力，下面提供三个提升对时间感知力的小训练：

利用钟表、沙漏或计时器来感知时间

3岁以内的孩子可以从基本的生物钟——早上、上午、下午、晚上的四个时间概念开始训练。固定的时间做固定的事，并且跟孩子说话的时候，带上"早上""上午""下午""晚上"这样表达时间的词汇。比如："早上带着宝宝去呼吸新鲜空气""上午去买菜""下午睡午觉""晚上玩玩具"等。

3—6岁的孩子，在幼儿园里老师会有清晰的时间安排。家长要做的是当孩子周末在家的时候，尽可能地跟幼儿园的节奏一致。同时，利用沙漏、闹钟、计时器这样的时间管理工具进行时间感知。比如刷牙可以放3分钟的沙漏，看动画片可以放20分钟的沙漏。此外，也可以通过绘本认识时间，比如《慌张先生》《老狼老狼几点了》《做时间的小主人》等。

6—12岁的孩子，家长要教孩子认识时钟。比如短针走一格表示1小时，长针走一格表示5分钟，吃饭时间是长针走四个格等。在家里的重要位置，比如作业桌前、餐桌前、电视前，都放上钟表。跟孩子沟通的时候经常带着具体的时间，比如："今晚的家庭会议时间是40分钟""我们要用半个小时的时间准备早餐""15分钟后出门"。

"定时定量"小游戏，训练孩子时间感

孩子都喜欢玩游戏，如果想让掌控时间的训练不那么枯燥，家长可以利用小游戏来让孩子感知时间。比如，设定计时器，看看规定时间内能完成多少任务：在5分钟之内，看看能写多少字，能算出几道题，能拼几块拼图，能跳几次绳；也可以利用家里的洗衣机、微波炉等有计时功能的小家电，让孩子以5分钟为单位，看烤箱烤红薯能有几分熟，感知5分钟之内能完成多少事。

写时间日志，掌握时间都去哪了

从孩子放学回来到上床睡觉，功课还没有做完。老师说："我们给孩子留的作业不超过1小时就可以完成。"那其他几个小时去哪了呢？孩子回答不上来，我们也回答不上来。我们平常没有意识去特地关注时间，更没有意识去操心时间

都去哪儿了。

几年前的一个周六，我在书店里阅读了英国作家格拉宁的《奇特的一生》。在这本书中，他深入挖掘了主人公柳比歇夫的生活细节，通过对其日记和文档的详尽研究，生动地再现了柳比歇夫那看似平凡实则不凡的人生。柳比歇夫的生活从表面上看似乎与常人无异，然而，他每天坚持不懈地记录自己的时间支出，以简洁、规律且精确的方式，透露出他生活的丰富内涵和累累硕果。

柳比歇夫的人生经历让我惊叹不已，一个人竟能在有生之年涉足如此广泛的领域，且在每个领域都能取得显著的成就。**我不禁要问：他究竟是如何调配出如此充沛的时间和精力的呢？**这简直令人难以置信。从那天起，我也开始写我的时间日志，学会每天反思自己到底做了哪些事情，花费了哪些时间。

具体步骤

第一步：选择自己要记录的重要时间段，比如早起、放学回家后，或者睡觉前。

第二步：跟孩子讨论在完成这些事情的时候，哪些步骤是可以简化的，哪些时间是可以剩下来自由分配的。

第三步：按照优化后的计划，重新规划时间。

时间感知能力与掌控感之间的关系，恰似精密机械中的齿轮与链条，相互咬合，共同驱动着个人生活与工作的有序进行。拥有敏锐的时间感知能力，意味着个体能够精准地把握时间的脉络，对时间的流逝保持高度、细腻的感知，这让孩子在面对纷繁复杂的事务时，拥有更强的掌控感，可以游刃有余地规划、调整与优化各项事务，确保每一项任务都能在既定的时间框架内高效完成。

第 16 计

步步为营

掌控家庭作业节奏的三个小技巧

步步为营

学校里学习新知识,回到家里完成作业。作业是对课堂所学知识的巩固和延伸,学习等于学习新知+作业练习,这是一个闭环。

孩子能否掌控作业的节奏,不仅关乎着他们的学习效率和学习质量,甚至还影响着孩子的自主学习能力和自我管理能力的发展。本节将介绍三个掌控作业节奏的小技巧,教孩子学会步步为营,让孩子在做作业这件事上游刃有余。

清单法安排进度,增加对作业的掌控感

- 第一步:制作作业"清单",学会分类

制作作业"清单"就是把要写的各科作业清楚地列在一张纸上,仔细区别一下哪些是会做的、哪些是不会做的,或者按照作业内容进行分类,比如背诵的、思考的、抄写的、预习的等。根据孩子的能力由易到难进行排列。预估一下各科作业完成的大概时间,将其写在后面,给孩子一个提示。

• 第二步：运用游戏闯关原理，完成各科作业

　　让孩子从简单的题做起，每完成一道就在清单上给自己打一个对勾或者画一个笑脸。不要小看这个动作，它能即时满足孩子的心理需求，调动孩子的积极性，给孩子一种想要挑战下一道题的冲动。因为当孩子体验到一点小小的满足时，大脑会产生一种快乐激素"内啡肽"，从而产生愉悦的感觉，促使孩子继续高兴地挑战下一道题。

• 第三步：用一些小技巧给孩子奖励

　　不同难度的作业，可以设计不同的奖励；可以设计小对勾、中对勾、大对勾；也可以设计不同颜色的笔来标记。给写作业的孩子变换不同鼓励方式。不同作业类型使用不同的学习技巧，也可以提高效率。比如背诵的作业，可以先录下来，每句读两遍反复听，完成效果会更好。

　　对孩子来说，学习过程中最大的一个"敌人"是走神分心。如果能够该学习时认真学习、该休息时好好休息，将会大大提高学习效率。**但小学阶段的孩子时间观念不强，而且他们自制力比较弱，很难专注在学习上，这该怎么办呢？**

　　可以试试番茄钟学习法。番茄钟学习法是世界公认的高效学习方法，它的核心思想是将一个学习任务划分为一个或多个固定的时间段，类似煮番茄需要固定的时长。通常，一个番茄钟的工作时间是25分钟，然后休息5分钟，这5分钟的休息时间不看电视、不看书，更不能玩手机，以便让大脑得到休息。

每日计划				
	语文	✔ or ✘	计划用时	实际用时
		☐ ☐		
		☐ ☐		
	数学	✔ or ✘	计划用时	实际用时
		☐ ☐		
		☐ ☐		
	英语	✔ or ✘	计划用时	实际用时
		☐ ☐		
		☐ ☐		
	科学	✔ or ✘	计划用时	实际用时
		☐ ☐		
		☐ ☐		
	其他	✔ or ✘	计划用时	实际用时
		☐ ☐		
		☐ ☐		

每日总结
学习用时：　　　休息用时：　　　节约自由时间：
进步：
有待提高：

番茄钟学习法写作业，增加对时间的掌控感

第一步：准备番茄钟学习法所需材料，包括一个计时器（可以使用手机自带的计时器、闹钟、番茄钟等）和一份番茄钟学习记录表（可参考下表）。

日期：

今日任务	预估完成番茄数	最终完成番茄数	中断原因	改进方法
每日复盘：					

第二步：列出当天需要完成的作业清单，并且按照优先级确定每项任务执行顺序和预计所需时间。

第三步：按下计时器开始第 1 个番茄钟，接下来的 25 分钟内，孩子要使出浑身解数，杜绝一切诱惑和干扰，全心全意专注在当前任务上。如果孩子无法坚持 25 分钟，可以先调整番茄钟的时间为 15 分钟。完成第一个 25 分钟后，让孩子在记录表上打勾，我们可以跟孩子击掌，表示祝贺："恭喜你，孩子，完成了一个番茄钟，我们距离完成任务又近了一步！"

第四步：休息 5 分钟后，重新开始一个新的番茄钟。

第五步：不断循环第三至第四步，直到把任务列表全部完成。我们可以把清单法完成每项作业所用的时间换算成番茄时间单位 25 分钟。

当孩子没有时间概念时，不知不觉就浪费了时间。有了番茄钟，再列出任务表，孩子借助番茄钟，一个一个完成任务，时间的使用会变得更有序、更高效。

错题本，增加对学习成果的掌控感

第一步：推荐使用活页错题本。活页本能够方便分类和整理每天的错题。最好每个页面专门用来记录某一类题目或某一天的错题，让整理更加有序。

第二步：在使用错题本时，建议孩子花更多的时间理解和思考错题的内容，而不仅仅是抄写错题。比如，不必手抄题目，而是将错题打印出来，然后放进活页本。这样孩子可以更加专注地思考错题的解题思路和错误原因，从中获得更深入的学习。

第三步：错题本应该逐渐变薄，只保留做错的题目。如果孩子同一道题连续三次都正确，那就应该果断将这一页撕掉。这样可以减少重复复习已经掌握的内容，将更多时间用在尚未掌握的知识上。

第四步：想要孩子在每次看到错题时主动思考，最好不要将题目和答案放在同一页。可以试试将答案写在反面或后面，孩子在查看错题时就要主动翻转页面或翻到后面才能看到答案，从而减少他查看的次数，强迫他自己动脑思考正确的答案。

第五步：在备考之前，孩子可以拿出错题本进行复习。这样可以更清楚地了解自己对知识的掌握程度，有针对性地进行复习，查漏补缺，从而提高复习效果。

从小就培养孩子整理错题本的习惯，可以帮助孩子在有限的时间里更有针对性地学习，让孩子的学习事半功倍，从而不断增加对学习成果的掌控感，增强他们的自主学习能力和学习动力。

通过清单法、番茄钟学习法和错题本这三个小技巧，孩子可以步步为营，有效掌控家庭作业的节奏，让学习变得更加高效和愉快。孩子在逐渐增强的掌控感中开始明白，每一个学习成果都是宝贵的种子，需要汗水和努力来浇灌。提升学习效率，孜孜不倦追求，才能让知识的种子生根发芽，开出美丽的花朵。

第 17 计

以教为学

利用费曼学习法
轻松掌控知识

以教为学

在担任"小老师"的角色时，他们不仅要作为知识的被动接受者，更要成为主动理解并解释知识的探索者。

面对孩子"一学就忘""听课懂了，做题就蒙"的困境，许多家长不禁要问："为什么孩子明明投入了大量时间学习，效果却不尽如人意？"带着这个疑问，我们来学习一个能够帮助孩子高效掌握知识的方法——费曼学习法。

费曼学习法的核心是用简单的语言把复杂的观点表述出来，用到孩子身上就是让孩子自己讲题，把心中所想直接阐述出来。简单来说，费曼学习法就是让学习者通过"教"来"学"，以此加深知识的理解和记忆，构建自己的知识体系。

通过教授他人，孩子能更容易发现自己所理解知识点的不足，然后可以更有效、有针对性地进行补充，这种自我反馈和修正机制有助于稳固知识基础，增强学习信心。带着学习中的困惑再去学习，这种正向反馈循环极大地增强了孩子对于所学知识的掌控程度。

费曼学习法核心四步

- 第一步：选择

　　选择一个想要理解的概念，可以从简单的概念或者是擅长的题目开始。让孩子尽量去讲明白，这可以锻炼孩子的语言表达能力，也让孩子对这个概念或题目产生了深刻的印象。

- 第二步：讲授

　　讲授是费曼学习法的灵魂。让孩子用简单的语言讲给完全不懂这个概念的小白听，并且让对方完全听懂。孩子可以讲给弟弟妹妹或者家长听，家长听的时候，一定不要作为审视者去挑孩子讲题的疏漏，而是带着疑问去询问孩子。孩子在讲题的过程中，在不断地反复思考，一遍又一遍加深了对题目的理解，还能清晰地识别出知识掌握上的不足，进而对这一知识点有更加清晰的认知。

- 第三步：查漏补缺

　　当孩子解释不清的时候，可以让他在书中找答案，或者回学校请教老师、同学，把这个概念重新研究一遍。最终目标是孩子能够把这个概念重新流利地解释出来。

- 第四步：简化语言和尝试类比

  继续升华，再讲一遍。家长可以把孩子讲题的过程用视频记录下来，优化后再录一遍，前后进行对比。

学习完费曼学习法的四个核心步骤之后，我们来看看费曼学习法在生活中的运用：

在一列开往北京的火车上，邻座的旅客们正在聊天，一位农民父亲讲他的女儿三年前考上了清华，儿子又在今年上了北大，这次上北京就是去送儿子的。旁边的旅客就好奇地问他："你把两个孩子都送进了顶尖大学，是不是有什么绝招啊？你说出来给我们听听呗。"农民父亲挠挠头，憨厚地说："我这人呐，没什么文化，也不懂什么绝招，只是觉得孩子上学花了那么多钱，不能白花了，所以我就让孩子每天放学回家,把老师在学校讲的内容给我再讲一遍,我有什么弄不懂的地方,我就问孩子,如果孩子也弄不懂,我就让孩子第二天去问老师,这样一来不就是花一份的钱教了两个人吗?我也觉得奇怪,这么做之后,孩子学习的劲头特别强,就这样,学习成绩从小学到高中一路越来越好,直到考上了清华北大。"

这位父亲所用的方法就是费曼学习法,只是他自己没有意识到。孩子在这一过程中严格遵循了四个步骤:第一步,选择一个知识点;第二步,向小白父亲讲述;第三步,查漏补缺,讲不明白的,到学校问老师,再次学习;第四步,回家再次讲给父亲听。

通过父亲的这种提问,孩子找到当天的所学和学会之间的差距,找到了理解得不透彻的知识点,再通过问老师来弥补上这个差距,形成一个学习的闭环。

费曼学习法是世界上被广泛认可并证实为最高效的学习方法之一。费曼学习法的科学性在于它符合我们大脑的认知规律:从混乱走向有序,从被动记忆走向主动理解并讲述出来。在担任"小老师"的角色时,孩子需要清晰地表达自己的见解,这促使他们进行更为深入的思考和准备,让他们不仅是作为知识的被动接受者,更是主动理解并解释知识的探索者。

第 18 计

适时而学

利用生物钟
高效学习

适时而学

大脑遵循着特定的记忆规律，认识并掌握这些规律有助于促使我们不断调整和优化学习策略，提高学习效率并增强记忆的持久性。

家长常常困惑："老师，我的孩子也去上课外班，上课也认真听讲，可是为什么一考试分就低呢？为什么背了这么多遍还记不住呢？为什么花了大量的时间学习，可是成绩还是上不去呢？"面对家长的这些疑问，我们需要深入探究大脑学习的规律，从而找到问题的答案。

在学科学习的过程中，孩子不可避免地会面临大量的记忆任务。如果在课堂上学的东西能够跟得上、记得住，回到家里做作业就可以很容易地调取课上学习的知识来解答作业，孩子的学习效果也会高效；相反如果学完记不住，写作业的时候调取不出来那些知识，做题没有把握，越做不出来就越拖拉，越拖拉就会越做不出来，久而久之就形成了恶性循环。

如何让孩子更好地记住知识点呢？ 我们先从下图来了解大脑记忆的工作原理。

记忆机制

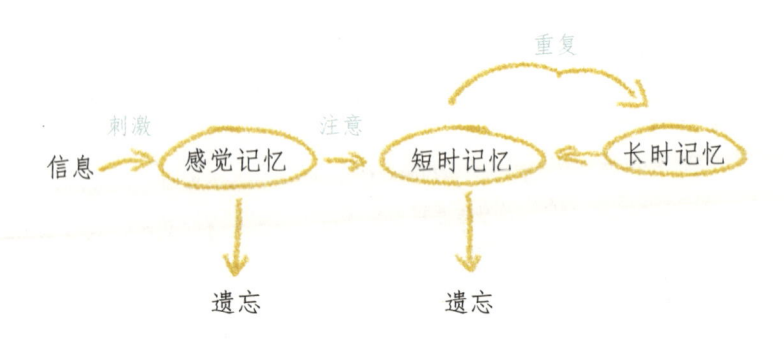

信息 →(刺激) 感觉记忆 →(注意) 短时记忆 ⇄ 长时记忆（重复）

感觉记忆 → 遗忘
短时记忆 → 遗忘

大脑通过我们的感官（视觉、听觉、嗅觉、味觉、触觉）接收外界信息，首先进入的是短时记忆阶段。这个阶段的记忆通常只能维持几秒钟到几分钟，若不加以重复，这些信息很快就会从记忆中消失。但如果我们通过不断的重复来强化这些信息，它们就有可能转化为长期记忆。

保存长期记忆的部位叫大脑皮质，它相当于人脑的硬盘，可以留住我们已经记住的知识，随用随取，永不掉线。大脑就像法官一样，会对这个信息下达价值判决，只有被大脑认为是必要的信息才会被输送到大脑皮质内长期保存。

当我们的信息被作为"关卡检查员"的海马体判定为必要信息时，就能顺利通关成为长期记忆。

日本作家池谷裕二教授的畅销书《考试脑科学》中，关于提升记忆效率，提供了几个行之有效的小方法，分享给大家：

让孩子保持一定的饥饿感

在孩子做功课的时候，让他保持一定的饥饿感，有利于海马体产生LTP（长时程增强作用）可以提高学习效率，从而提高记忆效率。

边走边记

遇见需要背诵的古诗、单词时，我们可以让孩子站起来拿着书在房间里边走边背。当我们走动时，海马体会提高产生θ波的效率。这样的背诵效果会比坐在书桌前的效果更好。

保持低温状态

低温可以让海马体产生危机。这里的低温并非指在寒冷的状态下学习，而是指要尽量远离被窝等较为温暖舒适的地方，选择室内温度较低的地方去学习。如果在较为温暖舒适的地方学习，很容易没有精神。

睡觉记忆法

睡觉前一个小时远离手机，用这段时间来背单词或是背书，负责学习和记忆的海马体会着重处理睡前一小时的内容，最好是背一些不太容易记住的内容，大脑会疯狂记忆和加工信息。我们也可以把要背诵的内容用15分钟录下来，睡觉时放在旁边播放，睡着了大脑还在帮你背书。

原本已经熟记于心的内容，如果缺乏足够的重复和巩固，也会随着时间的推移而逐渐被遗忘。**因此，重复是形成和巩固长期记忆的关键。**锲而不舍地反复记忆，海马体会产生一种感觉：**这信息怎么总来？**这么坚持不懈，一定是必要的信息吧。当"关卡检查员"产生了这个错觉，我们的信息就能被大脑记住。

池谷教授总结："复习比学习新知更重要。"**那如何复习才能更符合大脑的记忆规律呢？**基于著名的艾宾浩斯遗忘曲线原理，并结合池谷教授在脑科学研究领域的总结，为了形成长期记忆，应当遵循以下四次复习的频率安排。

符合脑科学的复习周期

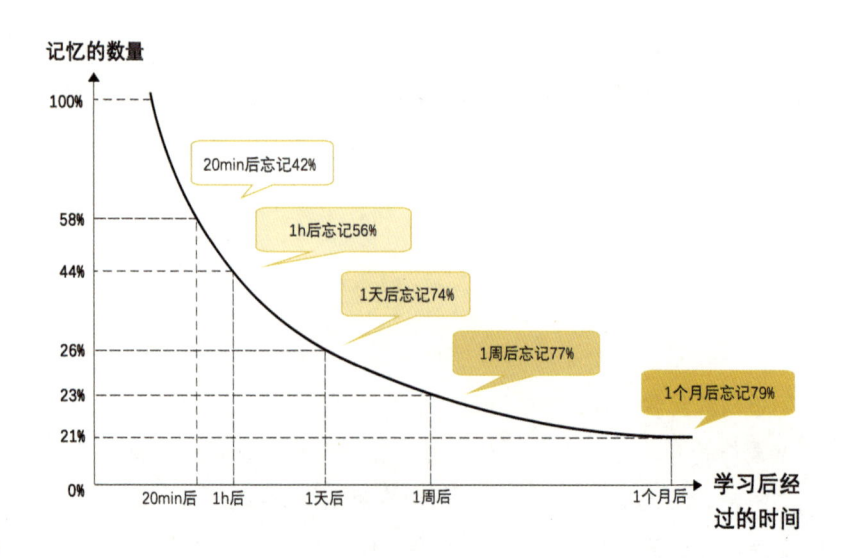

记忆的数量

- 100%
- 20min后忘记42%
- 58%
- 1h后忘记56%
- 44%
- 1天后忘记74%
- 26%
- 1周后忘记77%
- 23%
- 1个月后忘记79%
- 21%
- 0%

学习后经过的时间：20min后、1h后、1天后、1周后、1个月后

经过这 4 次循环,海马体大关基本上就认定这个信息至关重要,这些记忆会在大脑的"长期记忆硬盘"中稳固保存。

适时而学是一种科学而高效的学习方法。通过巧妙利用生物钟的节律和规律,孩子可以更好地调整自己的学习状态和时间安排,从而在有限的时间内取得更好的学习效果。让我们顺应自然的节奏,让孩子用智慧的方式去拥抱知识吧!

第 19 计

心平气和

做情绪的掌控者
助力学习

心平气和

积极的情绪能够促进认知功能的发挥,提高记忆力和注意力,而负面情绪则会干扰信息处理过程,降低学习效率。

想象一下,当我们心情愉悦、心态平和时,面对复杂的数学题或是晦涩的文言文,是不是感觉思路更加清晰,解题速度也快了许多?相反,当我们心情烦躁、焦虑不安时,即便是最简单的知识点,我们也可能难以理解。

心理学研究表明:积极的情绪能够促进认知功能的发挥,提高记忆力和注意力,而负面情绪则会干扰信息处理过程,降低学习效率。对于学习者来说,做情绪的掌控者,是助力学习、提升自我的关键。

家长要学会觉察孩子的情绪变化,了解情绪的来源和影响,并且引导孩子正视自己的情绪,鼓励他们表达感受,而不是压制或忽视孩子的情绪。

我们可以借助霍金斯能量等级表这一工具更有效地认识情绪。霍金斯能量等级表将人类的意识映射到1—1000的频率范围，总体划分为17个能量层级。其中，200以下为负级，代表负能量或低频能量；200以上为正级，代表正能量或中高频能量。每个层级都对应着特定的情绪状态。

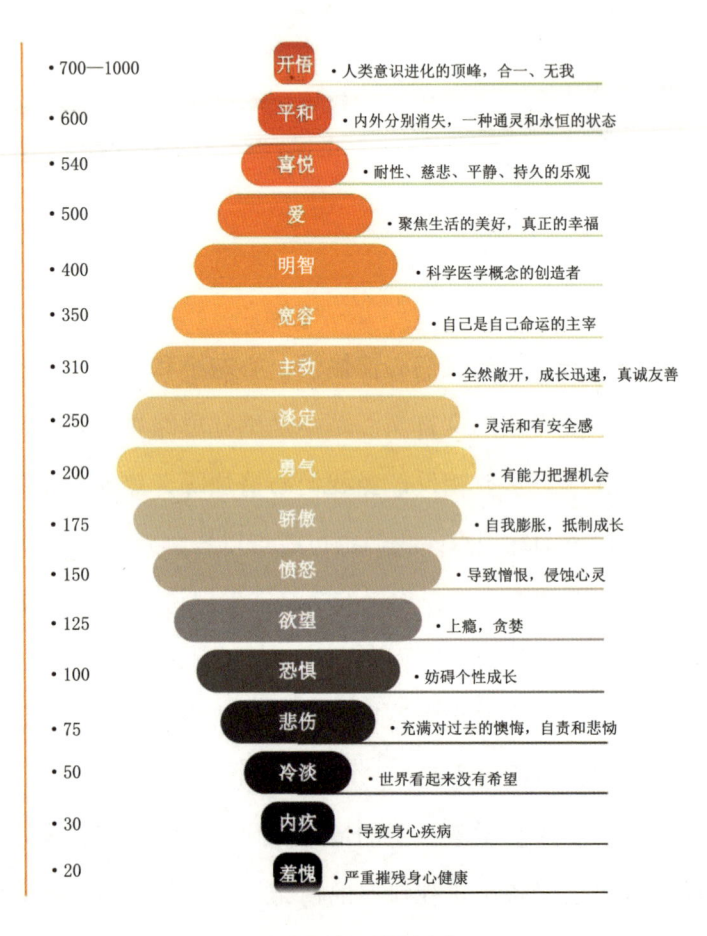

能量等级	层级	描述
700—1000	开悟	人类意识进化的顶峰，合一、无我
600	平和	内外分别消失，一种通灵和永恒的状态
540	喜悦	耐性、慈悲、平静、持久的乐观
500	爱	聚焦生活的美好，真正的幸福
400	明智	科学医学概念的创造者
350	宽容	自己是自己命运的主宰
310	主动	全然敞开，成长迅速，真诚友善
250	淡定	灵活和有安全感
200	勇气	有能力把握机会
175	骄傲	自我膨胀，抵制成长
150	愤怒	导致憎恨，侵蚀心灵
125	欲望	上瘾，贪婪
100	恐惧	妨碍个性成长
75	悲伤	充满对过去的懊悔，自责和悲恸
50	冷淡	世界看起来没有希望
30	内疚	导致身心疾病
20	羞愧	严重摧残身心健康

霍金斯能量等级表

我们可以将自己的情绪状态与霍金斯能量等级表中的描述进行对照，找出最符合自己当前情绪状态的层级。如果识别出自己的情绪状态及其对应的能量层级较低，就可以通过深呼吸、冥想、散步等来提升情绪，向更高的能量层级迈进。

"老师不喜欢我了。"

"某个同学真让人心烦。"

"压力好大啊。"

当孩子出现这样的想法时，孩子的情绪往往与我们先前提到的霍金斯能量等级表中的负级情绪相吻合。那么如何来调整孩子的情绪能量呢？究竟是这些事情本身就令人烦恼，还是我们赋予了它恼人的意义呢？

为了更好地了解情绪和行为背后的深层原因，我们可以参考美国心理学家阿尔伯特·艾利斯（Albert Ellis）情绪ABC理论。

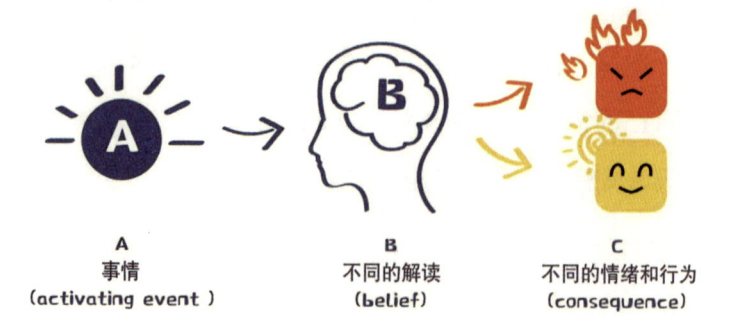

A
事情
(activating event)

B
不同的解读
(belief)

C
不同的情绪和行为
(consequence)

在这个模型中，A 就是诱发性的事件，B 是对这件事的看法，C 就是由这件事产生的结果。人们通常认为是 A 导致了 C，但真正导致 C 的其实是 B。

举个例子：

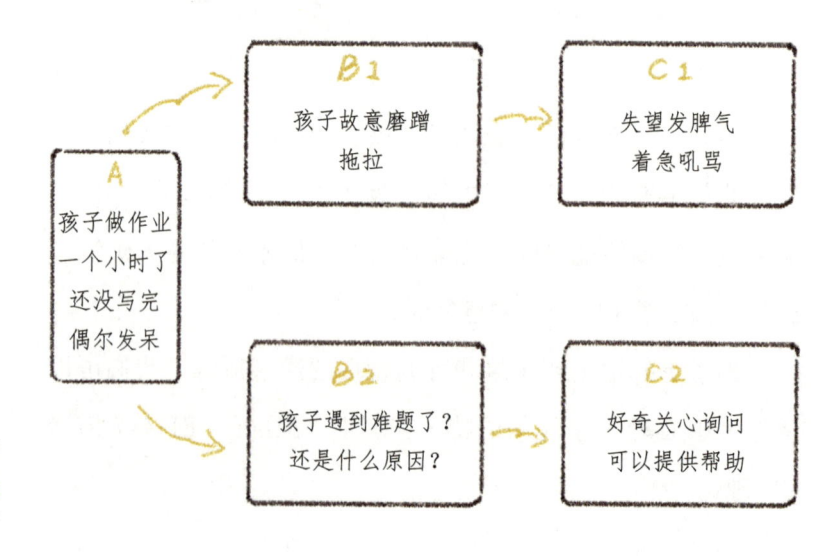

A
孩子做作业一个小时了还没写完偶尔发呆

B1
孩子故意磨蹭拖拉

C1
失望发脾气着急吼骂

B2
孩子遇到难题了？还是什么原因？

C2
好奇关心询问可以提供帮助

从上面的例子可以看出，家长对同一件事情 A 在不同看法 B 下会产生不同的结果 C。

根据情绪 ABC 理论在实际中的运用，当我们想要发脾气的时候，应该先让自己冷静下来想一想：是不是我们自己对这件事的看法 B 出现了问题才导致我们想要发脾气？如果我们换个角度想是不是会有更好的解决方法？当我们改变了自己的看法 B，那么我们的情绪和行为 C 也会随之改变，我们便可以更好地理解孩子的需求和感受，从而建立更加和谐、稳定和健康的家庭环境。

那么，如何具体实践情绪 ABC 理论来一步步改变自己的思维方式，掌控自己的情绪呢？

我们先了解常见的非理性信念：绝对化、灾难化、概括化。

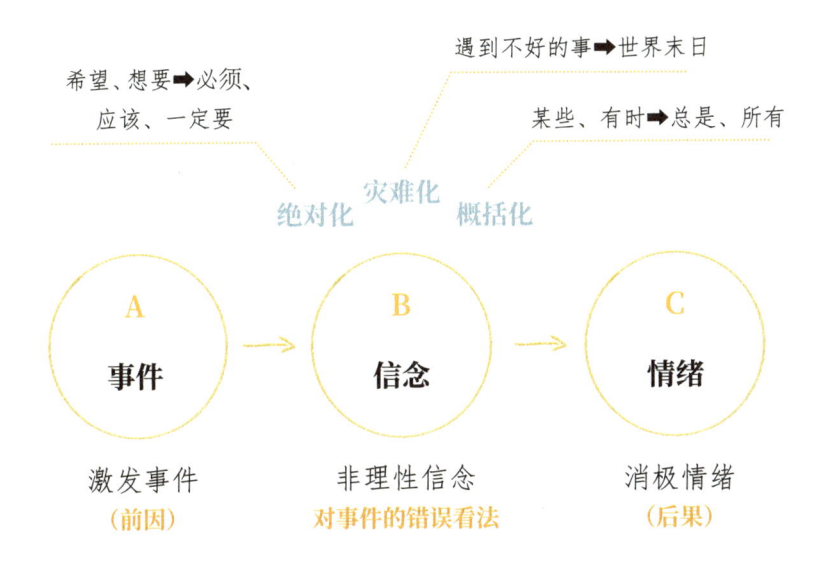

希望、想要 ➡ 必须、应该、一定要 —— 绝对化
遇到不好的事 ➡ 世界末日 —— 灾难化
某些、有时 ➡ 总是、所有 —— 概括化

A 事件 ➡ B 信念 ➡ C 情绪

激发事件（前因） ｜ 非理性信念 对事件的错误看法 ｜ 消极情绪（后果）

我们还是通过例子来理解：

事件 A：孩子期中考试数学考了 80 分。
信念 B：
B1 绝对化——考这么点，你肯定没好好学。
B2 灾难化——我看你是考不上高中了，以后怎么办啊？
B3 概括化——对于数学，你总是不开窍。
情绪 C：家长愤怒、焦虑、无助。

绝对化，是指把希望达成的目标或者希望做的行为，变成必须的、一定的。如果家长有绝对化的非理性信念，会想："考这么点，你肯定没好好学。"这种绝对化的要求之所以不合理，是因为每一客观事物都有其自身的发展规律，不可能以个人的意志为转移。

灾难化，是指一个人认为如果一件不好的事情发生，那将是非常可怕和糟糕的。家长如果有灾难性的信念，会想："我看你是考不上高中了，以后怎么办啊？"这种想法是非理性的，因为对任何一件事情来说，都会有比之更坏的情况发生，所以没有一件事情可被定义为糟糕至极。

概括化，是指一种以偏概全的不合理思维方式的表现，它常常把"有时""某些"过分概括为"总是""所有"等。家长如果有概括化的信念，会想："对于数学，你总是不开窍。"它具体体现于人们对自己或他人的不合理评价上，典型特征是以某一件或某几件事来评价自身或他人的整体价值。

在上述例子中，如果家长有绝对化、灾难化、概括化的非理性信念，引发的情绪就是愤怒、焦虑、无助。在这样的情绪状态下跟孩子沟通，会让事情朝着更不利的方向发展。

在了解了常见的非理性信念基础上，当我们和孩子遇到情绪问题时，我们可以运用情绪 ABC 理论的三步。

> 第一步：找到引发不良情绪的事件 A。
>
> 第二步：自我分析，列出这个情绪背后可能有的绝对化、灾难化、概括化的非理性信念。
>
> 第三步：找出正向积极的信念，分享积极的观念，学会自我暗示。

举例：孩子回来跟妈妈讲，自己在同学聚会上被忽视，很郁闷。

- 第一步：找到引发不良情绪的事件

  事件 A：在同学聚会上被忽视。

- 第二步：自我分析

  信念 B：孩子觉得同学们不喜欢自己，自己一无是处。（孩子绝对化、概括化了聚会被忽视这件事。）

家长："这次聚会同学们跟你互动少，不见得就是不喜欢你哦。即便同学不喜欢你，也不代表你一无是处哦。"

- 第三步：找出正向积极的信念

家长可以引导孩子："还有没有其他可能性？是不是这次聚会同学们跟你的互动比较少？"

信念 B1：我这次也没有很积极地跟他们互动，他们谈的话题，我不感兴趣。

家长："是的，你也没有主动跟他们互动。如果你带头去讨论自己也喜欢的话题，同学们会不会顺着这个话题聊下去呢？"

家长可以带着孩子找到更多可能性。

孩子："如果我聊足球，好几位男生肯定会加入我的话题。"

家长："是的，下次可以试试这么做。当你这样想的时候，你的情绪感受是怎样的呢？"

孩子："我感觉好多了，有力量了。"

利用情绪 ABC 理论管理我们和孩子的情绪，改变信念 B，就会改变情绪 C。情绪 ABC 理论为我们提供一种全新视角，帮助我们更好地理解孩子的情绪，引导他们走向更加积极的人生。

为了进一步助力家长与孩子提升情绪管理能力，我将推荐一系列情绪管理书籍。这些书籍不仅丰富了我们对信念 B 的认识，还促使我们从多维度、更全面地审视和处理生活中的各种情境。

有助于四年级以下孩子认识和理解情绪的书籍：

《我的情绪小怪兽》

《情绪是什么》

《儿童情绪管理图画书》

《小熊维尼的情绪课堂》

《你感觉怎么样？》

《情绪魔法书》

有助于中学生认识和理解情绪的书籍：

《我的情绪我做主》

《青春不迷茫——情绪管理篇》

《少年心事当拿云——中学生的情绪与成长》

《情绪的智慧——中学生情绪管理指南》

《心灵的力量——中学生心理健康读本》

《解忧杂货店——中学生的情绪自助手册》

《情绪的语言——中学生情绪表达与沟通指南》

《心的重建——中学生情绪疗愈手册》

心平气和地做情绪的掌控者，是孩子在学习和成长过程中应当追求的目标。通过运用霍金斯能量等级表和情绪 ABC 理论，结合情绪教育读物的引导，我们不仅能够更好地管理自己的情绪，还能促进孩子个人潜能的发挥，实现更加高效、愉悦的学习体验。

第 20 计

志存高远

用梦想和目标激发孩子的掌控感

志存高远

每个孩子都是独一无二的个体,他们内心深处蕴藏着无限的潜能,而帮助他们发现并点燃这份潜能的关键,就在于我们该如何去引导他们设定并追求属于自己的梦想与目标。

志存高远,意味着要在心中树立起宏伟的志向与远大的抱负,这是用梦想和目标来激发孩子掌控感的重要途径。

在《爱丽丝漫游奇境记》里,有这样一段话:
爱丽丝问猫:"我该选择哪条道路?"
猫说:"你应该先问问自己想去哪里?"
爱丽丝摇摇头,她也不知道自己该去哪里,大概去哪儿都行吧。
这时猫无奈地说:"那你走哪条道路都无所谓。"

这个故事告诉我们,不管做什么事情,都必须要有一个明确的方向和目标,这样孩子才会知道自己应该做什么。没有目标的人不知道自己为什么努力,也不知道自己将去往哪里,他们因此失去了对人生方向的掌控感,感到无所适从,内心充满迷茫。

哈佛大学曾进行过一项长达 25 年的跟踪调查,研究目标对人生成功的影响。这项调查涵盖了大量的参与者,从他们青少年时期开始,一直到成年后的各个阶段。研究者们对这些人的生活、职业、心理等多个方面都进行了深入细致的追踪和记录。

比率	人生目标	25年后
3%	有清晰的长期目标	全都是各界精英、行业领袖
10%	有清晰的短期目标	大多是各专业领域内的成功人士
60%	只有一些模糊的目标	事业平平,大多生活在社会的中下层
27%	根本没有目标	工作不稳定,日子不如意,常带抱怨

在这项调查中,研究者们发现:那些有明确、长远目标并为之付出的人,在实现梦想和事业成就上更有优势。这些人在人生的各个阶段都表现出更高的积极性、自律性和坚韧性。他们更能清晰地认识到自己的目标和方向,制定出有效

的计划，并付诸实践。在面对困难和挫折时，他们更能保持冷静和乐观的心态，积极寻找解决问题的方法，不断调整和改进自己的行动策略。

相比之下，那些缺乏明确目标和方向的人，往往更容易迷失在人生的道路上。他们可能会感到迷茫、无助和失落，不知道该如何前进。他们更容易受到外界的干扰和诱惑，走上错误的道路。即使他们取得了一些成就，也往往难以保持持续的动力和激情。

设定明确的目标有助于实现梦想，因为目标可以让人们更加清晰地了解自己的方向和所需的努力。同时，梦想则是实现目标的动力和灵感来源，因为它代表着一个人内心深处的渴望和向往。

佳琪从小就立志成为一名医生，这个梦想激发了她对学习的热情和动力。她愿意为了梦想付出努力和时间，不断追求进步。这种内在的驱动力让佳琪在学习过程中保持了持久的动力和积极性。

按照 SMART 原则法，佳琪和她的父母制定了具体（S）、可衡量（M）、可实现（A）、相关（R）和有时限（T）的学习目标。这些目标不仅让佳琪明确了学习的方向和重点，还帮助她制定了详细的学习计划。有了明确的目标和计划，佳琪能够更加有效地分配时间和精力，有针对性地进行复习和备考。

通过一步步实现目标，佳琪逐渐感受到了自己对学习的掌控力。她发现只要付出努力和时间，就能够取得进步和成功。这种掌控感不仅增强了她的自信心和自尊心，还让她更加相信自己的能力和潜力。

由此，我们可以看出梦想和目标对于孩子培养掌控感的重要作用。家长应该鼓励孩子追求自己的梦想，并制定明确、可实现的目标。家长还应该与孩子一起制定学习计划，督促学习进度，让孩子感受到自己的成长和进步。这样不仅能够提高孩子的学习效率和成绩，还能够培养他们对未来目标的自我掌控能力和积极向上的心态。

那我们如何一步步激发孩子的梦想呢？

倾听孩子的兴趣

要了解孩子的兴趣所在，倾听他们的想法和喜好。与孩子进行深入的对话，探讨他们对不同事物的好奇和兴趣，从而了解他们潜在的梦想和追求。

提供丰富的体验

带孩子参观不同的地方，如博物馆、艺术展览、科学中心等，拓宽他们的视野。让他们接触不同的活动和书籍，培养他们的多元兴趣。

鼓励尝试和探索

鼓励孩子尝试新事物，培养他们的探索精神。让他们参加绘画、音乐、体育等多种活动，让他们发现自己的潜力和兴趣。

树立榜样

以身作则，成为孩子的榜样。分享自己的经历和梦想，让孩子看到坚持和努力的力量。同时，也可以引导孩子去了解一些成功人物的成长经历。

梦想"上墙"

选择一个合适的展示方式，将梦想"上墙"。可以是一张大海报、一块白板，或者是一个专门的梦想墙。确保这种展示方式能够吸引孩子的注意力，利用视觉化原理让孩子经常看到自己的梦想。

分享与交流

鼓励孩子与家人、朋友分享自己的梦想墙。这将有助于增强他们的自信心，同时也能获得他人的支持和鼓励。此外，与其他人交流梦想和目标，还能激发新的灵感和想法。

第 21 计

环境助力

创造进入『心流』的环境
提升学习效率

环境助力

创造一个有利于进入"心流"的学习环境，需要我们从物理空间、目标明确性以及仪式感等多个方面着手。家长们的耐心、细心与爱心，是孩子学习效率提升不可或缺的力量。

在这个信息爆炸、诱惑四伏的时代，如何让孩子在学习时保持专注，高效吸收知识，成为许多家长心中的难题。其实，答案可能就藏在孩子周围的环境中。心理学上有一个概念叫作"心流"，由米哈里·契克森米哈伊提出，是指人们在全神贯注于某项任务时，会完全沉浸并享受其中的状态。在这种状态下，人们忘记时间的流逝，注意力将完全集中在当下的行动上，进入到一种忘我之境，进而实现高效且满足感强烈的活动过程。

对于学习而言，"心流"状态能显著提高学习效率和质量，因为此时的专注力、记忆力和创造力都达到峰值。家庭作为孩子最初和最重要的学习环境，直接影响着孩子的"心流"

体验。

那么，作为家长，我们如何为孩子创造一个有利于进入"心流"的学习环境呢？

增加良性环境要素

整理书桌：确保孩子的学习区域整洁有序，只放置必要的书籍、文具和当前正在使用的资料。

调节光线：关掉大灯，只开学习桌上方的学习灯，保证充足而柔和的光线，避免因阳光直射或昏暗环境造成的视觉疲劳。

适宜的温度与湿度：保持室内温度适中，避免过热或过冷，同时保持适宜的湿度，有助于孩子生理上也能保持舒适状态。

使用自然元素：摆放一些绿植或小巧的流水装置，自然界的声音和色彩能有效缓解紧张情绪，促进"心流"的产生。

柔和的背景音乐：选择无歌词的轻音乐或白噪音作为背景音乐，有助于屏蔽外界噪音，帮助孩子更快进入学习状态。

去除不必要环境要素

远离电子产品：学习期间，将手机、平板等电子设备放在视线之外或设置为静音模式，避免不必要的通知打扰。

远离未完成的事情：比如，没有拼完的乐高、没有拆封的快递。如果在学习区的视线范围内出现这样的物品，我们的眼睛和注意力会不知不觉被它们吸引，影响当下学习任务的完成。

设定明确目标，激发动力

目标可视化：与孩子一起制定每日或每周的学习计划，写下来贴在显眼位置，明确的目标能激发孩子的成就动机。

小步快跑：将大任务分解为若干小任务，每完成一项，就去打个勾，并给予适当的奖励或鼓励，让孩子感受到进步的喜悦。

培养仪式感，增强专注力

固定学习时段：建立固定的学习时间和休息时间，比如前面讲到的番茄钟学习法，每学习 25 分钟休息 5 分钟，帮助孩子形成习惯，提高学习效率。

学习前的准备仪式：可以是简单的深呼吸、伸展运动或是听一段特定的音乐，这些小仪式能作为进入学习状态的信号，帮助孩子快速集中注意力。

创造一个有利于进入"心流"的学习环境，需要我们从物理空间、目标明确性以及仪式感等多个方面着手。家长们的耐心、细心与爱心，是孩子提升学习效率不可或缺的力量。让我们一起努力，为孩子们打造一个既能激发潜能，又能享受学习乐趣的成长空间吧！

第 22 计

闻鸡起舞

鼓励孩子抓住清晨黄金时段高效学习

闻鸡起舞

"一日之计在于晨。"清晨的美好时光如同一把金钥匙,能够开启孩子一天的学习之旅。

清晨,是大多数人还未完全苏醒的时段,但对于追求进步的孩子来说,这段时间却蕴藏着无限的可能性。

科学研究表明,清晨时分6点至7点,人的大脑最为清醒,记忆力、注意力和创造力都处于高峰期。因此,鼓励孩子抓住这个时段"闻鸡起舞",将大大提升他们的学习效率。

当孩子清晨起床,迎着初升的太阳开始晨读时,他们其实在告诉自己:"我选择了最有价值的开始方式,用每天清晨晨读的仪式感,掌控自己的一天。"

晨读是大脑的唤醒仪式

清晨的大脑像是一张白纸，等待孩子们用知识的色彩去填充。此时的记忆力尤为出色，孩子们能够更容易记住所学内容。而诵读，不仅仅是用眼睛看、嘴巴念，它更是一场口腔、肌肉、舌头的协同运动，能够同时激活大脑的多个区域。当大脑供血充足，神经功能得到良好调节时，记忆的大门便敞开得更宽。日复一日的晨读，不仅能让大脑更加灵敏，还能显著提高孩子的记忆力和专注力。

晨读能加深知识的理解与加强知识的应用

"书读百遍，其义自见。"这不仅仅是一句古训。当孩子们高声朗读时，他们的视觉、听觉甚至触觉都在与知识亲密接触。这样的多维度学习方式，能够帮助他们打开从大脑表层到深层的记忆回路，使知识更加深入人心。

晨读能增加孩子的表达能力，提升自信心

对于孩子，尤其对于那些性格内向、不善于表达的孩子来说，晨读提供了一个难得的机会。它不仅仅是读书，更是对自信心的锻炼。每个孩子都能够在这个过程中找到自己的声音，用语言去触摸世界。同时，从生理角度来说，大声朗读也是一种对身体的锻炼。它能够帮助孩子纠正发音、提高发声技巧，进而增强他们的语言表达能力。

叶圣陶先生曾经说过："吟咏的时候，对于探究所得的不仅理智地理解，而且亲切地体会，不知不觉之间，内容与理法

化而为读者自己的东西了,这是最可贵的一种境界。"当我们鼓励孩子晨读时,其实是在引导他们进入这样一种境界。

历史上的众多伟人,从富兰克林到曾国藩,都深知清晨学习的价值,并养成了这种习惯。他们在鸡鸣时分便起身读书,思考人生,这不仅仅是因为清晨的时光宝贵,更是因为晨读是一种心灵的修炼,是对自我意志力的磨砺。

那么,作为家长,我们如何帮助孩子养成这一良好习惯呢?

调整作息时间

保证孩子每晚有足够的睡眠,建议每晚至少 9 小时。

制定简短的全家共读计划

不必贪多求全,10—20 分钟的晨读时间足以让孩子感受到学习的乐趣。重点是持续和保持规律。

337 晨读法

3 种体裁:挑选孩子喜欢的三类文章,比如古诗词、小古文,还有那些引人入胜的现代故事。

每种 3 篇:从每类文章中精心选出 3 篇,不多不少,刚刚好。

持续 7 天:一周里,每天都重复朗读这些文章,让知识的种子在孩子心中悄悄发芽。

第一天,先从古诗词 A、小古文 A、现代文 A 开始,每篇读两遍，让孩子的耳朵和心灵都享受这份美好。

第二至六天，复习前一天的内容，再加一篇新文章。比如第二天，复习三篇旧文，再添上读两遍古诗词B，这样循序渐进，孩子不会觉得累，反而越读越有味。

第七天，来个一周大回顾，所有文章都读一遍，特别是新学的那几篇，多读两遍，让它们成为孩子记忆里的"常客"。

具体做法

选文要用心：挑孩子感兴趣的、难度适中的文章，让阅读成为乐趣。时间要灵活，不必拘泥于具体时间，早起、饭后，甚至是睡前，只要适合他们就好。

337晨读法打卡记录表

· 选3种体裁的内容各3篇，7天为一个周期，共9篇，每天花10-20分钟朗读

时间周期	题材	朗读内容	Day1	Day2	Day3	Day4	Day5	Day6	Day7
第一周 (x月x日~x月x日)	古诗	古诗A	2遍	1遍					1遍
	小古文	小古文A	2遍	1遍	1遍				1遍
	近现代散文	近现代散文A	2遍	1遍	1遍	1遍			1遍
	古诗	古诗B		2遍	1遍	1遍	1遍		1遍
	小古文	小古文B			2遍	1遍	1遍	1遍	1遍
	近现代散文	近现代散文B				2遍	1遍	1遍	1遍
	古诗	古诗C					2遍	1遍	1遍
	小古文	小古文C						2遍	1遍
	近现代散文	近现代散文C							2遍
第二周 (x月x日~x月x日)	古诗		2遍	1遍					1遍
	小古文		2遍	1遍	1遍				1遍
	近现代散文		2遍	1遍	1遍	1遍			1遍
	古诗			2遍	1遍	1遍	1遍		1遍
	小古文				2遍	1遍	1遍	1遍	1遍
	近现代散文					2遍	1遍	1遍	1遍
	古诗						2遍	1遍	1遍
	小古文							2遍	1遍
	近现代散文								2遍

337 打卡表

"闻鸡起舞"不仅仅是一个成语,更是对时间的尊重、对知识的渴望、对人生的追求。"一日之计在于晨。"清晨的美好时光如同一把金钥匙,能够开启孩子一天的学习之旅。让我们携手引导孩子"闻鸡起舞",不错过每一个与知识亲密接触的清晨,让我们与孩子一同践行这一理念,让每一个清晨都成为他们掌控学习、迈向成功的起点!

成就感是指一个人在做一件事情时，通过自己的努力达成目标或克服困难后所体验到的满足和自豪。简单来说，就是个人在完成任务或实现目标后所获得的成功体验和自我肯定。

在前面的章节中，我们探讨了如何让孩子在学习中获得安全感、存在感和掌控感。当这些基本需求得到满足时，孩子通常能够顺利地完成功课。这时，当我们进一步激发孩子的成就感时，他们的学习体验又将升华至一个新的高度。成就感不仅能促使孩子高效地完成学习任务，更重要的是，它能让孩子深深地享受学习过程中的乐趣。

本章将带着孩子重拾成就感，帮助孩子找回那份对学习的热情和自信，让他们在学习的道路上越走越远，享受每一步成长的喜悦与乐趣。

第五章

成就感：助力孩子享受学习乐趣

第 23 计

放大光明

关注孩子「做到」的部分

放大光明

关注孩子"做不到的",就会看到孩子更多的"做不到";
关注孩子"做到的",就会看到孩子更多"做到的"。

有一次,听到了辽宁盘锦市教育局前局长魏书生老师讲了一个案例。

一次语文考试,100分的试卷,一个学生只考了8分。魏书生老师叫来学生,没有批评斥责,而是耐心地问了3个问题:

"听说你从来不听课?"

"老师,我听不明白,所以我就不听了。"

"听说你也从来不写作业?"

"嗯,我作业都是抄的,后来老师也不给我改作业了,我也就不抄了。"

"听说你回家书也不看?"

"老师我看不明白书,所以我也就不看了。"

"对啊，你看你自己，不听课、不写作业、不看书，咱还能考8分，不正是说明咱们有天赋吗？"

听到老师这么讲，这个孩子眼前一亮。然后老师耐心地陪着他从生字开始研究，一周后，学生把一本书的118个生字记了个滚瓜烂熟，接着他又研究文学常识知识点，就这样，这位考8分的孩子期末考了36分，再后来考了50分，最后居然及格了。

满分100分，这个孩子只考了8分。常人的思维是扣了92分，可是当我们注意力在这92分的时候，强烈的挫败感会压得孩子无力学习。而魏书生老师简单一句话，8分的成绩从挫败感变成成就感，学生眼中有了光。**老师不正是在放大孩子仅有的一点光明吗？**

心理学家们曾经做过这样一项研究：1979年，实验人员找来一些志愿者，让他们读一本相同的书。书中描写了一个女性一个星期的生活，书中对女性的描述既有外向的一面，也有内向的一面。读完之后，实验人员把志愿者分成两组，让第一组志愿者判断该女性适不适合做一个图书管理员，让第二组志愿者判断该女性适不适合做一名房产销售。结果表明，两组志愿者都针对他们选定的职业提出了很多该女性适合这项工作的证据。此时，当研究者再分别问他们该女性是否适合另外一项工作时，认为她适合做图书管理员的志愿者们觉得该女性不适合房产销售的工作，反之，认为她适合做房产销售的志愿者则认为她不适合做图书管理员。这个实验被称为视网膜效应。当志愿者们开始关注某一方面的特质（内向或外向）时，他们会不自觉地寻找并收集到更多与这一特质相关的信息，从而忽略了其他方面的信息。

这个实验放到家庭教育中也可以带给我们启发。有没有发现，对别人家的孩子，我们总能轻易看到他们的优点和成就，而对自家孩子，却似乎更容易盯着问题和不足。究其原因，其一，是我们对自家的孩子更加了解也有更高的期待，高期待让我们更容易看到孩子的不足。其二，俗话说："床头无伟人，近处无风景。"我们与孩子朝夕相处，孩子的每一点不足都逃不过我们的眼睛。

我的孩子上二年级时，有一次写了一张汉字，让我签字。我一看，怎么这么难看？如果我选择把他的字撕了，他会更没信心，于是，我对儿子说："拿一只红笔来，我们看看这张字里好看的有哪几个，我们把它圈出来。"

1个，2个……6个，一共30多个字，我圈了6个。儿子说："妈妈，你再仔细看看，我这个字写的也可以吧。"我说："嗯，这个也可以吧，7个。"

我没有看到那20多个不好看的，而是看到了这7个好看的，儿子高兴极了。第二天认认真真写完，又拿着红笔来找我圈好看的字。第二天圈了20个，就这样，儿子越来越有信心。直到有一天，儿子对我说："妈妈你给我报个书法班吧，我想把字写得更好看些。"从那以后孩子每周都会练字。

关注光明，就会有更多光明；关注黑暗，就会有更多黑暗。孩子想要的并不多，我们心里关注孩子"做不到的"，就会看到孩子更多的"做不到"；关注孩子"做到的"，就会看到孩子更多"做到的"。

明白了这个心理学原理，作为家长，我们可以调整自己的注意力方向，放大孩子的光明，孩子会做到更多，因此也会产生更多成就感。每当他们取得新的进步或达成某个小目标时，都会感受到来自内心的喜悦和满足。这种成就感不仅让他们更加热爱学习，还激发了他们不断追求更高目标的动力。

第 24 计

积少成多

让孩子从点滴进步中
汇聚学习成就感

积少成多

"分数银行""成就盒子""荣誉墙",都是把家长和孩子的注意力放到学习上,关注孩子能做到的部分,不断积累能做到的部分,让孩子从点滴进步中汇聚学习成就感。

如果孩子在学习中不断地积累懒惰,丧失信心,孩子会越来越有挫败感;相反,如果孩子积累勤奋和信心,孩子会越来越有成就感。"滴水穿石,非一日之功。"在孩子学习的早期,父母需要培养孩子的良好习惯,积累信心。

下面给大家提供几个实用的小方法,用积少成多的方式,让孩子在点滴进步中获得成就感。

"分数银行"积累考试分数

程程是一个善良、热情的孩子,但他的学习成绩一直都不好。每次考试结束,他看着那些令人失望的分数,心里充满了挫折感。尽管他很努力,但成绩始终上不去,这让他对学习失去了信心。

程程的妈妈为了帮助孩子提升自信心，不断地学习家庭教育，在课堂上，妈妈明白了"成就感"对孩子的意义，知道了教育是一个慢的过程，需要孩子的耐心，也需要父母的耐心。看到程程对学习失去信心，她决定采取一种特殊的方法来帮助他。每次程程考试后，她把程程得到的每一分都记录在一个大本子上，就像是在银行里存钱一样。她把这个本子叫做"分数银行"。

起初，程程对妈妈这个做法并不太在意。他觉得自己得到的分数那么少，记录下来也没什么意义。但妈妈却坚持了下来，每次考试后都会认真地记录下分数，并且鼓励程程："看，你又存了一些分数！只要你继续努力，你的'分数银行'一定会越来越满的。"

随着时间的推移，程程开始对这个"分数银行"产生兴趣。他看着自己从最初的几十分，慢慢增加到几百分、上千分，甚至上万分。每次看到自己的"分数银行"增加，他的心里都会涌起一股成就感。他开始相信自己是有能力学好的，只是以前没有找到正确的方法。

在妈妈的鼓励和"分数银行"的影响下，程程的学习态度发生了变化。他开始主动学习，遇到问题不再轻易放弃。他的成绩开始慢慢提升，从最初的倒数几名，逐渐进入了班级的中游水平。程程在学习里获得的成就感也与日俱增。

日积月累，程程的"分数银行"已经存满了厚厚的一本。他的学习成绩也越来越好，后来他不仅顺利升入了高年级，还获得了学校的奖学金。每当他遇到困难或者挫折时，他都会想起那个充满希望的"分数银行"，相信没有什么克服不了的困难。

而妈妈也一直陪伴在程程的身边，见证了他的成长和进步。她知道，教育孩子不仅仅是要他们取得好成绩，更重要的是要培养他们面对挫折的勇气和坚持不懈的精神。她相信，只要给予孩子足够的鼓励和支持，他们一定能够找到属于自己的方向，走向成功。

"成就盒子" 积累空笔芯、习题和试卷

我小时候生活在一个堆满书籍和纸笔的小屋中。每当夜幕降临，那盏昏黄的台灯下，便是我与习题的战场。一页页试卷、一本本作业，伴随着空笔芯的堆积，见证了我的汗水和成长。

那时候的我，对于每一个用完的空笔芯都格外珍惜。它们不仅仅是我努力的痕迹，更是我与知识较量的见证。每当一支笔的墨水耗尽，我便会小心翼翼地将其放入一个透明的玻璃罐中。久而久之，罐中的空笔芯越来越多，它们像是一颗颗晶莹的宝石，闪烁着我对知识的渴望和追求。

考试试卷和作业习题本也是如此。每当完成一份试卷或作业，我都会认真地将它们整理好，放入一个专门的文件夹中。那些试卷上的红叉和勾画，每一次的分数起伏，都记录着我

的成长轨迹。每当翻阅这些试卷和作业时,我都能清晰地感受到自己的进步和变化。

随着时间的推移,我渐渐发现,这些空笔芯、试卷和作业习题本不仅仅是一支支笔芯和一堆堆纸张,更是我的精神支柱和动力源泉。每当我遇到困难或挫折时,我都会打开那个玻璃罐或文件夹,看看那些空笔芯和试卷。它们仿佛在告诉我:"你已经努力了这么多,请一定继续坚持下去。"累积空笔芯和试卷的过程,也是累积成就感的过程。

如今,那个玻璃罐和文件夹依旧静静地躺在我的书架上。每当我看到它们,我都能想起那段充满挑战和持续奋斗的日子。那些空笔芯、试卷和作业习题本,不仅仅是我过去的回忆,更是我对未来的信心和憧憬。

每一支空笔芯、每一张试卷、每一本作业习题本,都是我成长的脚印,它们绘就我人生旅途中最美的风景。

"荣誉墙"积累奖状、证书

在我的家中有一面与众不同的墙,称之为"荣誉墙"。墙上不挂名家字画,不贴家族照片,只贴满了儿子一张张奖状和证书。这面墙见证了儿子的成长,也承载了我们家的骄傲与期望。

记得儿子刚上小学时,第一次获得"三好学生"的奖状的情景。他满脸兴奋地跑回家,双手捧着那张薄薄的纸,仿佛捧着一个珍贵的奖杯。我们郑重地将这张奖状贴在墙上，它就像是荣誉墙的第一块砖，坚实而厚重。

随着年龄的增长，儿子获得的奖状越来越多：运动会上的短跑冠军、演讲比赛第一名、书法比赛的佼佼者……每一张奖状背后都凝聚着儿子的汗水和努力。每当他获得新的荣誉时，我们都会一起把奖状贴在荣誉墙上。儿子站在墙边，认真地比对着每一张奖状的位置，像是在布置自己人生的展板。

荣誉墙不仅记录了儿子的成就，也见证了他的成长和变化。那些稚嫩的字迹和画作，都逐渐被更成熟、更专业的作品所取代。但无论新旧，每一张奖状都承载着儿子的努力和荣誉。这面墙如同一面镜子，映照出他不断攀登高峰的脚步。

如今，儿子已经长成大小伙子，那面荣誉墙也早已贴满了奖状和证书。每当有客人来访，我们都会骄傲地引导他们参观这面墙，分享儿子的成长故事。而儿子也总是笑着站在墙边，仿佛在回忆那些美好的童年时光。荣誉墙是儿子童年的记忆库，每一张奖状都是一份成长的印记，它们共同编织了一个关于努力与成就的美好故事。

"分数银行""成就盒子""荣誉墙"，都是把我们家长和孩子的注意力放到学习上，让家长们去关注孩子能做到的部分，不断地积累能做到的部分，孩子就能做到更多，做到的越多，成就感越多。它们鼓励我们不断关注并积累孩子做到的点点滴滴，相信每一次小小的成功都是通往更大成就的重要基石。

第 25 计

即时反馈

努力学习换来的成绩提升

即时反馈

即时的反馈能够让孩子明确感知到努力与成绩之间的正相关关系。他们会发现，每多一份努力，就会换来成绩上的一点点提升，这种正向的反馈循环会极大地增强他们的学习动力和自信心。

　　我们来设想一下，给你一包瓜子，嗑一个小时，感觉很轻松就嗑完了，是不是很简单？现在换个规则，只嗑，不能吃，把瓜子仁留下来，嗑一个小时之后才能把瓜子仁一次吃完，是不是感觉有点无趣呢？

　　同样的时间，瓜子仁也没少吃，但为什么感觉变了呢？这是因为反馈的周期拉长了。

　　对于孩子的学习，积极正向的即时反馈可以激活大脑的奖赏系统，包括多巴胺的释放，这会使孩子感到愉悦和有成就感。这种生理反应有助于建立积极的学习体验，激发兴趣。

　　还记得我们第一章讲到的游戏上瘾机制吗？

　　在游戏里，一刀下去，能明显看到怪物血量下降；打死一个怪兽，马上就有金币奖励；完成一个任务，就会获得相应的荣誉。不仅如此，游戏里的音效、视效都会促进大脑多巴胺的分泌。游戏设计者就是利用了人类的弱点，通过一次又一次的即时反馈，让玩家持续地"爽"。同样地，在孩子的教育过程中，如果家长能够给予即时的反馈，那么孩子也能体验到类似游戏中的成就感与进步的快乐，从而更加积极地投入到学习中。

著名心理学家赫洛克曾做过一个实验，他把一群人分成4个小组，每次工作后给予不同的反馈。他对第一组进行鼓励和表扬，对第二组则严加批评和训斥，对第三组不做任何评价，只让他们静听其他两组受表扬和挨批评，对第四组也不做任何评价，但将他们与前三组隔离。结果显示：第四组成绩最差，第一组和第二组成绩都比第三组好。其中每次都受到鼓励的第一组学习积极性最高，成绩不断上升，而经常被批评的第二组成绩有一定波动。

从这个实验可以看出：即时对结果进行评价，能强化动机，对学习和工作起促进作用。而且，适当激励比批评效果好，有评价的效果明显比不闻不问好。

这种心理现象就是著名的反馈效应。作为父母，我们可以通过对孩子的学习情况进行即时反馈，以增加孩子在学习上的成就感。如何有效且恰当地即时反馈呢？有以下几点建议：

定期关注孩子制定的学习小目标

孩子完成任务后,即时给予口头鼓励和赞扬。这可以让孩子感受到认可和重视,增强他们的自信心和学习动力。

赞赏过程而不是评价孩子这个人

在赞赏孩子时,更多的注意点应该放在孩子完成这件任务的过程上。赞赏学习过程有助于培养孩子"成长型心态",即相信通过努力学习,自己的能力是可以不断提升的。

设定奖励机制

这些奖励可以是小的礼物或者活动,也可以是更多的自由时间或特权。当孩子知道自己的行为和努力与奖励直接相关时,他们会更加自主地管理自己的时间和行为,想要能够获得更多奖励。

即时关注学校老师的反馈

即时关注学校老师的反馈,比如老师在家长群反馈的班级整体情况,或是学生作业的批语、上课表现的留言等。老师作为教学的主导者,对学生的学习进度和知识点掌握情况有着全面的了解。通过老师的反馈,我们可以清晰地认识到孩子在哪些方面掌握得比较好,哪些方面还需要加强。

开展良好的沟通

常常跟孩子聊聊近段时间在学校的收获，不仅能增进彼此间的了解，还能激发孩子对学习的热情和兴趣。听孩子诉说学习的进展和困难，能帮助他们释放内心的压力，更能让我们及时发现并解决问题。

即时反馈是学习中不可或缺的一部分。通过即时反馈，可以让孩子更好地了解自己的学习进展，发现优点和不足，并采取相应的措施来提升自己的学习效果。因此，在学习过程中要积极给予孩子各种形式的即时反馈，从而提高孩子的学习效率和增强他们的学习动力。

第 26 计

越挫越勇

如何帮助孩子拥抱失败，
重获**成就感**

越挫越勇

父母要给予孩子足够的爱与支持，引导他们客观看待失败，培养解决问题的能力，树立榜样与分享经验，鼓励坚持与庆祝进步，关注孩子的心理健康。

每个孩子都会在学习道路上遇到失败，无论是小小的家庭作业，还是重大的考试。失败都是成长的一部分。然而，面对失败，孩子们的反应各不相同。有的孩子在失败后消沉，有的孩子在失败中越挫越勇。

孩子没考好，回到家，父母的反应常常有两种：第一种，带着怒火立马刨根问底地质问孩子没考好的原因；第二种，安慰孩子，告诉孩子没关系，下次再接再厉。

表面上看，似乎后者的方式更柔和，也更能让孩子接受。可是仔细想想，轻飘飘的一句"考不好没关系"，看似安慰，其实在暗示着逃避，是在转移孩子的注意力，让孩子逃避挫败感，这样对于孩子受挫的心并没有起到实质性作用。

记得有一次，期中考试出成绩后，儿子拿着成绩单回来，神色沉重，目光里都是自责和失落，满嘴都是自我否定的话，觉得自己就是学不好，努力了也没有好结果。他走进房间，默默地坐在书桌前，我知道他想自己承受这一切。看着他孤独和无助的背影，我好心疼，推门进去，走到他身边坐下。他抬起头，眼中闪烁着泪花，却硬是咬着嘴唇，不让泪水落下。我走进去，抱着儿子的肩膀，对他说："妈妈看到了你有些伤心，妈妈在这儿，有困难我们一起面对。"孩子带着感激的眼神看着我点点头。儿子情绪缓和后，我们一起做了美食，饭后全家人对这次考试失利进行了分析。接下来的日子，儿子更加努力地学习，每天都会花更多的时间和精力来弥补自己的不足。他不再提及失败的痛苦，而是选择默默努力，准备迎接下一次挑战。

最终，在下一次考试中，儿子的成绩有了显著的提升。他的脸上露出了自信的微笑，这是他从失败中站起来的证明。看着他的变化，我深感欣慰，知道他已经学会了从挫折中成长，越挫越勇。

那么，作为家长，**我们应该如何引导孩子在失败中寻找力量，越挫越勇呢？当孩子考试没有考好，家长怎么做才能让孩子重获信心呢？**

保持冷静

首先，家长自己要保持冷静，不要过于焦虑或愤怒，孩子的内心已经很难受了，父母一定不要过多抱怨和指责。

陪伴、倾听和理解

孩子如果愿意表达，坐下来耐心听孩子吐露心声。哪怕孩子在试图给自己找各种理由，都要耐心地听完孩子的感受，并且表示理解他们的失落和沮丧，孩子诉说的过程也是释放压力的过程。

如果是大孩子，也许他会把自己关在屋子里，这暂时是需要被接纳和允许的。我认识一位母亲，她在上初中的孩子期中考试失利，回去把自己锁在房间里时，她没有上前打扰，而是走到厨房，做了孩子最喜欢吃的酱香排骨。当香气透过门缝钻到房间里，孩子感动了，心情好了很多，随即出来和妈妈分享起考试的点点滴滴。

分析原因

当局者迷，旁观者清。有时候孩子自己也不一定清楚为什么没考好。我们可以作为支持者，陪孩子一起分析原因：

是平时复习不够，基础知识掌握得不牢固？

还是解题思路不对或审题不认真？

是考试的时间安排不合理或心态原因导致过于紧张？

和孩子一起，将出现的问题点一一列出，才能"对症下药"。

培养成长思维

教导孩子将失败看作一个学习的机会，而不是最终的结果。这样，他们会更愿意从失败中吸取教训，努力去反转局势。这样做能更好地帮助孩子重新找回自信。

建立好的学习习惯

比如，草稿纸也是考试的一部分。很多孩子考试时，对草稿纸的使用不合理。成绩优秀的孩子，平时考试非常注重草稿的演算，不仅梳理了自己的思路，还可以减少不必要的失误。

还有一些父母跟孩子进行考试复盘的时候，发现考试失利是孩子没有仔细审题造成的。不少孩子一看题的开头，甚至没读完题，就按常规思路做题，这也是很多孩子考试丢分的原因所在。父母可以帮孩子练习边读题边在重点信息下画线，养成好的读题、审题、打草稿和检查的学习习惯。

制定学习计划

可以设定小而易的目标。当孩子取得一些进步时,不论大小,都值得庆祝。这会使他们不断地积累成就感,感受到努力的价值,并愿意持续付出努力。

我们不仅是孩子的引导者,更是他们的精神支柱。我们要让孩子知道,无论遇到多大的挫折,都要有勇气面对,有信心克服。因为,失败不是终点,而是新的起点。

除此之外,家长可以带孩子去看一些关于逆袭的励志电影,孩子看电影的过程,也是跟随主人翁经历从"失败"到"成功",从"挫败感"到"成就感"的过程,同时也可以帮助孩子减压,疗愈不良情绪。文后附推荐电影清单。

父母要给予孩子足够的爱与支持,引导他们客观看待失败,培养解决问题的能力,树立榜样与分享经验,鼓励坚持与庆祝进步,并关注孩子的心理健康,以此帮助孩子拥抱失败,从挫折中汲取力量,重获成就感。

电影清单

1.《阿甘正传》:展现了先天智障的小镇男孩阿甘如何自强不息,在多个领域创造奇迹的励志故事。

2.《风雨哈佛路》：根据真实事件改编，讲述一个女孩如何克服困境，最终考入哈佛大学的故事。

3.《海街日记》：四姐妹在镰仓的海边小镇相互扶持，共享生活的温馨与美好。

4.《小森林》：女主角回到乡村，通过耕种与烹饪，找寻内心的平静。

5.《秒速五厘米》：描述青春期的纯净与遗憾，让人怀念起那些逝去的日子。

6.《放牛班的春天》：一位老师用音乐改变学生命运的温馨故事。

7.《千与千寻》：小女孩在神秘世界里经历成长与救赎的奇妙旅程。

8.《少年的你》：该片讲述在高考前夕，被一场校园意外改变命运的两个少年，如何守护彼此，成为想成为的成年人的故事。

9.《大鱼海棠》：这部电影以瑰丽的画面和诗意的叙事，讲述了关于生命与爱情的深刻寓言。

10.《奇迹男孩》：这是一部温馨而鼓舞人心的电影，讲述了一个面部畸形男孩如何克服困难，融入社会，赢得友谊和尊重的故事。

第 27 计

如鱼得水

利用兴趣
让孩子畅游学海

如鱼得水

学会耐心地消除孩子对新知识的陌生感，深入探索并紧密围绕孩子的个人兴趣，给予孩子更多鼓励与肯定，然后我们会发现，孩子们在学习的过程中开始变得游刃有余。

"如鱼得水"描述的是一种自由、舒适、和谐的状态。当一个人处于这种状态时，他能够完全发挥自己的潜能，毫无阻碍地实现自己的目标。这种状态被视为人生的一种理想状态，也是我们追求的目标。当一个孩子在学习中体验到如鱼得水般的快乐时，他的学习生活将变得更为丰富和有意义，他也会更有成就感。

兴趣是孩子学习的强大动力，当孩子对某个领域或学科产生浓厚的兴趣时，他们会更加积极主动地投入时间和精力去探索和学习。这种自发的驱动力能够让孩子在学习过程中保持愉悦和兴奋，从而更容易获得良好的学习成果。

那么，如何培养孩子对学习的兴趣呢？

消除陌生感，建立熟悉感

要喜欢一个学科，需要对里面的一部分内容有熟悉感。成人如此，孩子也是如此。

有一次，我去参加一个聚会，发现主人的会场布置得好精致，尤其是插花，普通的百合加上尤加利叶和雪柳，层次分明，好美！我在回家的路上，正好路过花店，被店里的百合深深吸引了。我迫不及待买了几枝回去，也想要学着插花。可是，似乎这个百合到我手里就不听话了，怎么摆都不好看。为了插好它们，我开始上网学习花艺，后来居然研究花艺上瘾了，总是变着花样插花。

我是如何对插花这个"科目"感兴趣的？先是见到了，有了熟悉感，才慢慢开始学习的。同样，孩子的学科学习也是如此。我们拿数学来举个例子。

孩子讨厌数学，可能是因为他没有发现数学之美，没有发现数学之用。

在我的孩子上小学之前，我对他们进行了数学的熟悉感熏陶。我会从日常生活中来引导儿子接触数学。比如，在购物时，我让儿子掌管钱的支出："如果你有10元钱，买了一支笔花了2元，你还剩下多少钱？"儿子开始思考并解决这个问题，逐渐理解了基础的减法运算。

在墙上挂画时，我会告诉他们，画框的下沿要和地面平行才好看，画框的角是直角，扇子打开是钝角，剪刀打开是锐角，让他们发现数学无处不在。因为对数学的熟悉感，孩子上小学开始，对数学的学习充满着好感。

从有趣的内容入手

如果您的孩子目前还是不喜欢学某个学科，我们可以找一个有趣的点，从这个点切入，激发孩子的学习兴趣。我们继续拿学数学举例子。

有个孩子小学时候数学成绩并不好，在学校和家长的双重管教和压力下，勉强能考80多分，上了初中，看到数学这个科目就厌烦。妈妈带着孩子来向我求助。经过交谈，我发现这个孩子喜欢历史，他不仅仅对中国历史感兴趣，对西方的历史也知道很多。他给我讲亚历山大东征，讲得津津有味。

借着这个主题，我问他："亚历山大大帝那么厉害，你知不知道他的老师是谁？"他回答不上来，反过来追问我："谁这么厉害能教出亚历山大这样的学生。"从他这个兴趣入手，我跟他讲了亚历山大的老师是被称为"古希腊百科全书"的亚里士多德。又从亚里士多德讲到了他的老师柏拉图，柏拉图的老师苏格拉底，又讲到了影响苏格拉底的老师毕达哥拉斯。他们是思想家，同时在数学上也很有造诣，柏拉图创立的柏拉图学园是西方第一所综合性大学，门口有个牌子"不懂几何者禁止入内"。又聊到了毕达哥拉斯学派弟子因为希帕索斯发现$\sqrt{2}$而将他投进大海,进而引发了第一次数学危机。

而刚上初一的他,刚好学到无理数。他发现数学不是枯燥无聊的,而是由历史上一位又一位伟大的人物经过不断地发现探索凝结的智慧。这和他热爱的历史是分不开的。从此以后,这个孩子从被迫学数学到热爱学数学,现在上初三,数学成绩早已成了他的优势科目。

建立积极心理暗示

有的孩子有负向的自我认知,比如,"我不够聪明,学不好数学""我记忆力不好,背不过诗词""我听力不好,听不懂英语"。负向认知会抑制孩子的真实能力,降低学习效率。

在我上小学的时候,有一次举办元旦联欢会。我报名了唱歌,还记得当时唱的是《小螺号》。为了表演好,我准备了好久,还买了新的裙子,妈妈还给我扎了红色蝴蝶结。可是在表演当天,带线的手持麦克风出现了故障,声音断断续续。台下顽皮的男生们哄堂大笑,笑我五音不全还唱歌。最后没唱完,老师就让我下来了。我觉得羞愧极了,现如今那个场景还历历在目。从那次开始,我再也不敢在公共场合唱歌,因为那个时候我给自己的自我暗示是"我五音不全"。

到了 30 多岁,我学了心理学之后,我才知道暗示的力量多么神奇。我开始重新给自己建立起积极的心理暗示——我可以唱很好听的歌。很快我就发现，五音不全只是自我暗示，只是谎言，其实我也能唱出很好听的歌。

我们可以想想，当孩子对某个科目有畏难情绪的时候，是否也是他自己消极的自我暗示在起作用。我们不妨给予孩子更多的正面暗示。

耐心地消除孩子们对新知识的陌生感，深入探索并紧密围绕孩子的个人兴趣，再进一步给予孩子更多充满鼓励与肯定的正面暗示，我们会发现，孩子们在学习的过程中将变得游刃有余，仿佛鱼儿得水般自在，快乐地畅游于各学科的广阔知识海洋中，每一次探索与发现都让他们内心充满了满满的成就感！

语文学习的积极正面暗示语言

- 你的文字如同涓涓细流，温柔而深刻，触动人心，每一次写作都是心灵的抒发。
- 你的诗词积累日益丰富，出口成章，让人感受到中华文化的博大精深。
- 阅读使你眼界大开，你对文学作品的独到见解令人耳目一新。
- 你的语言组织能力极强，总能用最恰当的词汇表达最真挚的情感。
- 语文课堂上，你的思维活跃，每一次发言都闪耀着智慧的光芒。

- 你对古代文学有着浓厚的兴趣，仿佛能与古人对话，领略历史的韵味。

- 你的书写工整美观，如同艺术品，让人赏心悦目。

- 你的口语表达能力不断提升，与人交流时总能妙语连珠，引人入胜。

- 你对语言的敏感度很高，能迅速捕捉到言语中的细微差别。

- 语文是你展现才华的舞台，你在这片舞台上熠熠生辉，令人瞩目。

数学学习的积极正面暗示语言

- 你的数学思维敏捷，总能迅速找到问题的关键所在。

- 你对数字的记忆力惊人，复杂的公式在你眼中如同简单的符号。

- 你在解决数学难题时表现出色，仿佛没有什么能够阻挡你前进的步伐。

- 你的逻辑推理能力极强，总能用最简单的方法证明最复杂的定理。

- 数学考试对你而言只是小菜一碟，你总能轻松应对，取得优异成绩。

- 你对几何图形的理解深刻，仿佛能看到它们背后的规律和美感。

- 你的数学作业总是整洁规范，让人一看就明白你的解题思路。

- 你总能解出难题，是同学们眼中的数学小天才。

- 你对数学充满热情，总能在学习中找到乐趣和成就感。

- 你的数学素养不断提高,未来一定能在数学领域取得更大的成就。

英语学习的积极正面暗示语言

- 你的英语发音标准流利,让人误以为你是母语者。
- 你有丰富的词汇量,总能用最准确的词语表达自己的想法。
- 你在英语阅读中表现出色,能迅速理解文章的主旨和大意。
- 你的英语写作水平不断提高,每一篇作文都充满了创意和亮点。
- 你对英语语法掌握得炉火纯青,无论什么句型都能运用自如。
- 你在英语听力训练中表现出色,能准确捕捉到每一个细节。
- 你的英语口语表达能力极强,与人交流时总能流畅自如地表达自己的观点。
- 你对英语文化有着浓厚的兴趣,总能深入了解并融入其中。
- 你在英语学习中不断进步,每一次努力都让你离目标更近一步。
- 你的英语综合素养不断提升,未来一定能在国际舞台上大放异彩。

第 28 计

手舞足蹈

高能量动作
锚定赢的体验

手舞足蹈

击掌，说出"Yes!I can!" 无论是你还是你的孩子，在任何时候都可以使用这个简单而有效的技巧来锚定赢的体验，激发积极的心态，更好地面对学习和生活中的挑战。

在胜利的瞬间，无论是运动场上的冠军，还是学业中的优胜者，我们常常看到他们会毫不犹豫地将双臂高高举起，挺胸抬头，敞开怀抱，面带笑容。这个胜利的姿势看似简单，实则蕴含了深刻的心理学原理。

心理学上有一个概念叫作"心锚效应"，是条件反射的一种形式，它描述了外部刺激与内部情感之间的联系。这个"锚"就好比是一艘停泊在海上的船所使用的铁锚，心锚就像大脑中的书签，可以在我们需要的时候，唤起我们过去的心理状态。举个例子，如果一个人小时候曾经经历过气球突然在他脸上爆炸的恐惧经历，那么他在以后碰到气球时可能会迅速逃离，因为气球成了唤醒他内心恐惧情感的心锚。

那么，我们如何利用心锚来锚定孩子学习的成就感呢？ 这可以通过高能量的身体动作来实现。

高能量动作，顾名思义，是指那些让人看起来更加自信、有力量的身体姿态。这些姿势动作往往与胜利、成功等积极情绪紧密相连，如挺胸抬头、双手叉腰、双臂高举等。通过模仿这些姿势，人们可以感受到一种内在的力量和自信。

为什么高能量动作能增加孩子学习成就感呢？

心理暗示作用

高能量动作能够给孩子一种积极的心理暗示，当孩子摆出这些姿势时，他们会不自觉地联想到成功和胜利的场景，从而激发内在的斗志和成就感。

生理机制的支持

身体动作与体内的激素水平密切相关。高能量动作能够增加睾酮（一种与自信和优势感相关的激素）的水平，同时降低皮质醇（一种与压力和焦虑相关的激素）的水平。

行为表现的正面反馈

当孩子做出高能量动作时，他们的行为表现会更加自信、从容。这种积极的表现往往会得到老师和同学的正面反馈，进一步增强孩子的自信心。

在学习上，无论进步大小我们都可以用高能量姿势与声音来锚定，不断强化这种联系。通过重复锚定，这些肢体动作会逐渐形成身体的记忆。当孩子面临学习上的挑战或学习动力不足时，只需重复这些动作，再次击掌，说出"YES！"就能重新唤醒孩子内在的成就感。过去的成功经验再次涌现，孩子将充满信心地面对眼前的困难。

当然，这个动作只是一个示范，你也可以为你的孩子设定自己的心锚动作，只要它让孩子感到振奋和成功。例如，握紧拳头、比个小心心等。这个方法的关键在于通过积极的肢体动作与声音来建立积极的情感联系，帮助孩子保持高能量和积极的心态。

高能量的庆祝动作和语言可以帮助锚定成功体验，激发积极的情感和自信心。

这些庆祝动作和语言可以根据个人喜好和舒适度进行定制。重要的是确保它们能够激发积极的情感，让孩子感到自信和成功，从而帮助他们在学习和生活中更好地应对挑战。

在本节课程结束前，让我们一起尝试一下。击掌，说出"Yes!I can!" 无论是你还是你的孩子，在任何时候都可以使用这个简单而有效的技巧，来锚定赢的体验，激发积极的心态，更好地面对学习和生活中的挑战。

庆祝语言

- "Yes！"
- "我做到了！"
- "我是最棒的！"
- "胜利属于我！"
- "我克服了！"
- "我是赢家！"
- "无敌！"
- "我真棒！"
- "我充满力量！"
- "我相信自己！"

庆祝动作

- 高高举起双臂。
- 击掌，用力拍手。
- 跳跃或跳起来。
- 转圈欢庆。
- 跺脚。
- 伸展全身，伴随欢呼声。
- 比出胜利的手势，如 V 形手势。
- 用力拥抱自己或他人。
- 打拳击，像庆祝拳击比赛胜利一样。
- 跪地欢呼，鼓掌。

第 29 计

成功日记

每天五分钟
记录小成就

成功日记

引导孩子写"成功日记"需要耐心和策略。我们应该关注孩子的感受和需求,以鼓励和支持为主,让他们在轻松愉快的氛围中逐渐养成记录的习惯。

在学习家庭教育的过程中,我偶然阅读了《小狗钱钱》这本书,书中博多·舍费尔的观点引起了我的强烈共鸣。他提倡写"成功日记",鼓励我们每天记录下自己觉得成功的事情,无论这些成功多么微小。

在学习的道路上,孩子时常会遇到挫折和困惑。作为家长,我们总是希望他们能够自信、勇敢地面对每一个挑战。而"成功日记"正是这样一个工具,可以帮助他们记录自己的成长轨迹,将每一次进步可视化。

于是我决定尝试这种方法,不仅自己实践,也让我的孩子参与其中。我和孩子一起开始了这个旅程。每天晚上,我们会花上5分钟的时间,回顾一天的经历,找出其中的"成功点"。这些成功并不总是轰轰烈烈的大事，有时候是完成了一项作业，有时候是学会了一个新的单词，有时候是帮助了别人。但无论大小，每一次的成功都值得被记录和庆祝。

给大家看一篇我儿子真实的"成功日记"，虽然可能写得不通顺，但我们追求的不是正确与否，而是通过写下来，帮助孩子真实地感受自己的成就。

2023年3月15日 文梓亦的成功日记

- 今天数学成绩我得了92分，绝大部分都做对了，没有做对的题目帮我检查出了两个知识点漏洞。欧耶！
- 今天我给佳佳讲了there be句型，她学会了，还感谢我呢。欧耶！
- 今天在学校利用自习时间，我就把作业做完了。欧耶！

随着时间的推移，我惊讶地发现"成功日记"带来了种种好处。

每当我们一起翻阅过去的日记时，他都会骄傲地说："看，这是我做到的！"这种成就感不仅让他更加自信，也让他更有动力去尝试新的事物。

这种关注点的转移，让孩子更加明白自己的优点和长处，从而更有方向地去努力和发展。

他开始尝试更多的活动和课程，探索自己的无限可能。

孩子在写日记的过程中，学会了观察自己的情绪和感受，学会了思考和总结。

如何写"成功日记"呢？给大家一些小建议。

选择孩子喜欢的本子

让他感受到这是一个专属自己的特别之物。在第一页，大大地写上"×××的成功日记"。鼓励他个性化设计自己的日记，可以贴上自己喜欢的贴纸，画上可爱的插图，让写日记变得像做游戏一样有趣。

不要设定太高的门槛

任何一件小事都值得被记录，哪怕是"今天我记住了一个比较难的单词"。重要的是培养孩子记录的习惯和发现美好的眼睛。当孩子在犹豫某一件事算不算成功，可不可以写在"成功日记"上时，坚定地告诉他："只要想到了，就是成功，就要写下来。"

定期分享成功日记

这不仅是一种互相鼓励和学习的过程，更是一种家庭情感的交流。每当听到家人对自己的肯定和鼓励时，那种由内而外的温暖是无法言喻的。

以身作则

自己先开始写"成功日记",并和孩子分享自己的体会和收获。当孩子看到家长积极参与并从中受益时,他们可能会产生模仿和尝试的兴趣。

简化流程

比如,先从每天记录一件事情开始,或者提供一些选项供孩子选择。随着时间的推移,孩子会逐渐适应并形成习惯。

增加日记的趣味性

让写日记变得更有趣是一个有效的激励方法。我们可以为孩子提供彩色的笔、贴纸、有趣的笔记本等,让写日记变成一种创意和乐趣的结合。

设定一些小奖励

当孩子完成一段时间的"成功日记"后,可以得到一些他们喜欢的小奖励,这种正向的激励有助于增强他们的动力。

如果孩子不愿意写"成功日记",作为家长,我们要理解孩子的抵触情绪,我们需要和孩子沟通,了解他为什么不愿意写。可能是因为觉得麻烦,不知道写什么,或者觉得没有意义。只有了解了孩子的真实想法,我们才能有针对性地提供帮助和引导。

如果孩子实在不愿意写，我们也不应该强求。每个孩子都有不同的性格和喜好，我们应该尊重他们的选择，寻找更适合他们的方式培养他们的自信心和积极心态。

成功学大师安东尼·罗宾有一句名言："一个值得经历的人生，也是一个值得记录的人生。"通过写"成功日记"，我们和孩子不仅记录了自己的成功和成长，更在这个过程中学会了欣赏和感恩生活中的每一刻美好时光，我相信这些珍贵的记忆和经历将会成为我们未来人生道路上最宝贵的财富。

什么是价值感？人都希望自己是"有用的"，希望自己做事情是有回报的，希望自己对这个世界是有价值的，这就是"价值感"。对价值感的渴望，是人的一种本能。不仅大人会追求价值感，孩子也会，可如果孩子没有被正确引导该如何去追求价值感，就可能会"误入歧途"。

孩子在学习上获得价值感，需要老师和父母的正确引导，如果我们能够洞悉游戏让孩子获得价值感的逻辑，并将其应用到孩子的学习上，让孩子在学习中也能获得价值感，从而明白学习的意义，孩子自然可以"学上瘾"。

第六章
价值感：摆脱学习疲惫

第 30 计

有的放矢

我什么都有，
为什么要上学呢？

有的放矢

上学并不仅仅是为了获取物质上的富足或者外在的成就,也是出于一种精神的追求,一种对自我成长的渴望,一种对未知世界的探索。

家长们常常不自觉地包办孩子的生活起居,催促孩子学习。孩子就好像一个被动的机器,需要爸爸妈妈推着才能运转。家长就发愁:"为什么孩子不能主动去学习呢?"作为父母,**我们的孩子是否问过这样的问题:"我为什么要学习?"**

走进我们"家长课堂"的家长,一开场就会被问一个问题:"你们为什么来学家庭教育?"大家的回答各不相同:"孩子出了问题,所以来学习""为了孩子更优秀""为了自己更好地成长"。

我们参与"家长课堂"是来追求价值的,同样地,孩子的学习过程也应当追求其内在的价值。有的放矢,射箭需对准靶心,孩子的学习同样要有明确的目标与价值。所以父母在教育孩子的过程中，应持续激发孩子对学习价值的认同感，这样孩子才会感受到学习的意义。

王国维在《人间词话》中提到，古今之成大事业、大学问者，必经过三种之境界。人生有三种境界，学习的价值也有三种境界：生存、生活和生命。

生存价值层面

生存是指基本的存在，生活的第一阶段。还处在生存价值层面的人，每天忙忙碌碌只为碎银几两，这一阶段的人始终会处在恐慌中，怕没有足够多的食物，生活不下去。在这个层面上，个体主要关注满足基本的生存需求，如食物、水、住所。这个阶段的人们面临生存挑战，生活是贫困、不安全且充满焦虑的。

在生存价值层面上，我们可以告诉孩子上学对他的生存至关重要。学校教育提供了知识和技能，帮助孩子更好地应对日常生活中的挑战。教育不仅仅是关于学科知识，还涉及健康、安全和基本生存技能的培养。有了这些技能，孩子便能在未来走向社会，谋得一份工作，替他人解决最基本的问题，从中换取收入来养家糊口。

在日常生活中，我们可以把挣钱是为了养活自己和家庭的这个原因告诉孩子，并可以给孩子讲父辈通过劳动和工作，挣钱养家的故事。我们也可以带着孩子去见识社会上各式各样的工作岗位，看看成年人是如何通过自己的努力赚取收入的。

比如，在我家，我会给孩子们讲爷爷奶奶、姥姥姥爷的工作故事：爷爷奶奶年轻的时候是农民，他们要去耕地，种粮食，留一部分自己吃，剩下的换取金钱用来供养伯伯、姑姑、爸爸的学习和生活；姥姥姥爷是工人，他们要到建筑工地上，去搬板砖、运水泥来赚取收入；医生要为病人治疗，来换取报酬；警察要维护社会秩序，来换取工资；商人要通过批发各种零售商品赚钱。各行各业都为社会解决了各种问题，所以才会有价值，而价值换为价格，就是金钱收入。

我们现在上学，学习基本的知识技能，未来也可以为社会解决问题，来换取报酬。当我们的价值足够大，换取的报酬足够多的时候，就可以有更多的金钱来满足我们的精神追求。这就到了下一个价值层面：生活。

生活价值层面

在生活价值层面的人，会逐渐开始注重精神上的追求。除了确保基本的饮食和穿着需求得到满足外，他们还会购买鲜花来点缀家居，增添生活情趣；同时，也会用看电影、外出旅行等这些娱乐活动来丰富自己的生活体验。他们的生活是更高级别的存在，有着满足生存需求之外的需求。在这一阶段，人们开始追求更广泛的目标和愿望，如家庭、友情、爱情、事业、成就、文化等社交互动，生活不再局限于基本追求，而是更加注重生活品质、内心幸福感以及个人满足感。

在生活价值层面，我们可以跟孩子探讨他将来要过怎样品质的人生，有什么样的愿望想要实现。我和我的两个孩子探讨这个层面时，两个孩子说他们想到全世界去看看不同文化、不同地域的人们是怎样生活的。在出行方式上，他们说，想有实力坐各种层级的舱位，而不是手头拮据，只能买得起普通座位。他们还想有能力去帮助朋友和有需要的人，给他们提供工作岗位，提供机会，提供金钱。最后我们一起研究了每年的大学毕业生薪酬排行表，在这里面有个很明显的规律，毕业的院校等级和收入基本上是成正比的。

那么，如何才能为自己争取到这样的机会，站在更高的起点上呢？前提是我们必须认识到个人所能获得的经济回报，从根本上来说，是与其为社会所提供的价值量紧密相关的。换句话说，只有当我们能够创造出足够的价值，才能够相应地换取到更多的报酬。

而要实现这一点，在人生的童年和青少年阶段，回归到学校认真学习，不断深化和拓展自己的知识储备与技能水平，显得尤为重要。学校不仅是传授知识的地方，更是培养我们思维能力、创新能力以及社交能力的重要场所。通过在学校中的努力学习与实践，孩子可以为自己的未来打下坚实的基础，为将来步入社会、创造更多价值做好充分的准备。

生命价值层面

在生命价值层面的人，开始思考人生的意义和价值，这一层面超越了物质的功利性目的。在这个层面上，人们开始追求个人潜能的最大化，实现自己的理想和目标，达到一种"高峰体验"的状态，在潜能中追求内在的平静、智慧和与世界的联系。有很多名人、伟人就活在这个层面里。

鲁迅曾说："我们从古以来，就有埋头苦干的人，有拼命硬干的人，有为民请命的人，有舍身求法的人……这就是中国的脊梁。"钱学森，放弃海外优渥的条件，回国奠基航天事业；袁隆平，杂交水稻之父，解决亿万人温饱；屠呦呦，青蒿素发现者，为全球健康做出了巨大贡献。他们极致发挥才华，活出生命价值，是后世仰望的星辰，激励着我们为实现内心的伟大理想砥砺前行。

这些人不仅在自己的领域内取得了卓越的成就，更以深厚的家国情怀，将个人才华与国家命运紧密相连，活出了生命的价值，是我们和孩子学习的楷模。

在生存、生活价值层面的人更多的是利己思维，而在生命价值层面的人是利他思维。这三个境界相互关联，一个人通常会经历从生存价值层面到生活价值层面，再到生命价值层面的不同阶段。人们的经历和关注重点可能会随着时间和个人成长而变化。理解这三个境界可以帮助人们更好地探索自己的人生目标，寻找更深刻的生活满足感和意义。

在回答"为什么学习？"这个问题时，我们不能只停留在"好好学习是为了考个好初中，考个好高中，考个好大学，找份好工作，找个好配偶，过上好日子"。在这个挑战与机遇并存的时代，想要真正调动孩子的学习价值感，我们不能再局限于传统的教育模式和方法，而是需要从更加深远、更加广阔的生命层面去深入探索和激发孩子的内在潜能与热情。

这意味着，我们需要超越单纯的知识传授，转而关注孩子的全面发展，包括他们的情感需求、兴趣爱好、个性特点以及价值观的形成。我们要引导孩子认识到，学习不仅仅是为了分数和排名，更是为了自我成长、实现个人潜能，为了在未来能够拥有更加丰富多彩的人生体验。

那么我们如何在现实生活中让孩子提高这种认知呢？

设计趣味性的实践活动

让孩子在实践中学习，在探索中成长。同时，我们还要注重培养孩子的批判性思维、创新能力和解决问题的能力，让他们学会独立思考，勇于挑战权威，敢于探索未知。

营造积极健康的学习环境

让孩子在充满尊重、理解和支持的氛围中自由发展。我们要时刻关注孩子的情感变化，及时给予他们关爱和鼓励，让他们感受到自己的价值和被重视的感觉。

上学不仅仅是为了追求物质上的富足或者外在的成就，更是一种精神的洗礼，一种自我成长的历程，一种对未知世界的勇敢探索。在这个过程中，孩子收获的不仅仅是知识和技能，更是对生命的深刻理解和对未来的无限憧憬。

第 31 计

见贤思齐

为孩子寻找人生导师

见贤思齐

"三人行，必有我师焉。"人生导师可能来自生活的各个角落，各个领域，他们以不同的方式影响和塑造着孩子。

常言道："读万卷书，不如行万里路；行万里路，不如阅人无数；阅人无数，不如名师指路。"如果孩子能够遇到一位优秀的人生导师来帮助他去理解并塑造人生的价值，那将是件多么美妙的事情啊。

人生导师与老师不一样。老师是教授学科知识的，停留在知识层面。导师的影响力远远超出了知识的传授，他们的行为和态度本身就是一种力量。他们的言行举止，如同一面镜子，让孩子看到什么是责任，什么是毅力，什么是坚持。他们的人生故事，人生追求也会影响孩子的价值观，激发孩子更深刻地去思考生命的意义。

古今中外名人和其人生导师的故事不胜枚举，他们的故事启迪着无数人的心灵。莎莉文老师用极大的耐心与智慧打开了海伦·凯勒的感知世界，使她在黑暗寂静中触摸到了生活的色彩与韵律；顾福生，以其深邃的艺术见解和人生哲学，引领三毛走进了文学的殿堂，塑造了三毛独特的人生观和世界观；毛泽东在湖南第一师范求学期间，深受徐特立老师的影响，徐特立渊博的知识、进步的思想和高尚的品德对毛泽东的学业和思想产生了深远影响。

我身边有一位很上进的妈妈，到处学习家庭教育，并且还会回去践行。尽管这位妈妈学历不高，但她培养的孩子勇敢乐观好学。这引得很多妈妈向她讨教教育之道，她的回答很朴实："谁能影响我的孩子，我就带着孩子去见谁。"简单的话语中，藏着不简单的教育智慧。近处无风景，随着孩子逐渐长大，家长越来越难以影响自己的孩子。这个时候，我们要善于借力，为孩子寻找更好的人生榜样、人生导师，孩子才有可能成长得更好。

为孩子寻找的人生导师需具备什么样的特点？

品德高尚、身体力行：好的导师就像一盏明灯，他们的正直和善良是孩子们模仿的典范。他们无时无刻都在展现诚实，比如说到做到，对每个人都和颜悦色。当进退两难时，他们会毫不犹豫地选择公正，用行动教会孩子在现实世界中坚守原则。

经验丰富，能提供专业的指导：有经验的导师就像行走的百科全书，他们可能是某个行业的老手，或者是经历过人生百态的智者。他们的厉害之处在于，他们会分享自己的故事和见识，帮你绕过青春的坎坷，教你如何巧妙避坑，少走弯路。他们教的可不只是书本上的事，还有怎么和人打交道，怎么照顾自己，甚至未来该做什么等，让你在成长路上每一步都受益匪浅。他们就像你的引路人,在这大千世界为你指明出路,不让你迷失。

与孩子同频:我想,您也应该遇见过一见面就觉得很聊得来的朋友,有眼缘,有莫名的亲切感,交流起来无障碍,这就是同频。与孩子同频是一种深度的理解与共情,是心灵的共鸣,是共同成长的过程。

什么人有可能成为孩子的人生导师呢?

家庭成员:家里人是最有可能的。因为家庭成员更容易相互了解,孩子的导师有可能是父母、亲人、兄弟姐妹。

学校或课外机构的老师:无论是学校的老师,还是校外机构的老师,都有可能是孩子知识的启蒙者和引领者,以及品格的塑造者,他们除了教授孩子知识之外也有自己的个人魅力。

互联网博主:信息获取越来越便利,在知识性网站上涌现出一批有影响力有思想的博主,细心寻找,他们中也有人可能成为孩子出色的人生导师。

书中人:历史上被写进书中的人,无论是真实存在过的人,还是艺术创作的人,都有可能成为孩子的导师。比如,《阿甘正传》里的阿甘,每当我做事情不顺利的时候,勇敢坚韧的阿甘就会浮现在我的脑海里,他的毅力一直引领着我。

"三人行,必有我师焉。"人生导师可能来自生活的各个角落、各个领域,他们以不同的方式影响和塑造孩子的品格和精神。家庭的温暖、学校的教育、网络的广阔和书籍的深邃,共同构成了孩子成长的多元导师体系,帮助他们成为更好的自己。

第 32 计

因材施教

让孩子的 自我价值
在天赋中绽放

因材施教

我们应该因材施教,根据孩子的个体差异采取不同的教学方法和手段,帮助他们最大限度地发挥潜能、实现自我价值。

在这个多彩的世界里,每个孩子都是独一无二的,拥有与生俱来的特质和潜力,我们可以把这种特质和潜力称作天赋。很多人觉得自己没什么天赋,也没什么特殊技能,他们并不喜欢正在做的工作,也无法从中感受到快乐,只是在忍受、应付着它,然后等待周末到来。就这样,日复一日,年复一年,永远无法真正找到自我价值,更别谈实现了。

但是也有一些人,他们深爱着自己的工作,甚至不能想象去做别的事情。如果你问他们:"为什么不停下来,换点别的事做做?"他们会觉得非常诧异,然后对你说:"为什么呢?这就是我的生活。只有这么做,才能让我感受到最自然和真实的自己。"这种状态,常被描述为"得心应手"。

也可以说，他们发现了自己的天赋所在。

　　作为父母和教育者，如果我们可以让孩子在属于自己的天赋里成长，孩子就会觉得自己的人生很有价值。要让孩子的自我价值在天赋中绽放，首先需要发现他们的天赋。这需要父母和教育者细致观察，从中了解他们的兴趣和才能。**那么我们该如何发现孩子的天赋呢？**

　　美国发展心理学家霍华德·加德纳（Howard Gardner）博士提出了"多元智能理论"，30多年来该理论已经广泛应用于欧美和亚洲，并且获得了极大的成功。霍华德·加德纳博士认为，人类的智能是多元化而非单一的，主要是由语言智能、数学逻辑智能、空间智能、身体运动智能、音乐智能、人际智能、自我认知智能、自然认知智能八项组成，每个人都拥有不同的智能优势组合。

语言智能

　　主要表现在孩子能有效运用口头语言或文字表达自己的思想并理解他人。有语言天赋的孩子是个爱说话的孩子，他可能滔滔不绝地表达着自己，甚至不管周围人爱不爱听，想不想听，他们都乐此不疲地说着。他会模仿电视里的人，很容易记住他们说的内容，还会惟妙惟肖地讲故事。这类孩子适合的职业是：政治活动家、主持人、律师、演说家、编辑、作家、记者、教师等。

怎么识别孩子语言智能的天赋？

留意那些喜欢阅读、讲故事、说话有条理且词汇丰富的孩子。他们可能很早就表现出对语言的浓厚兴趣，比如喜欢听故事、模仿大人说话，或者自己编故事等。

怎么培养有语言智能天赋的孩子？

提供丰富多样的书籍：包括故事书、科普读物等。和孩子一起阅读，之后讨论书中的内容，鼓励他们发表自己的看法，提高阅读理解和表达能力。例如，阅读完一本关于动物的科普书后，让孩子用自己的话描述动物的特点和生活习性。

坚持写作练习：可以从简单的日记开始，让孩子记录每天的生活。也可以鼓励他们写故事、诗歌，培养书面表达能力。比如，给孩子一个主题，如"我的奇妙冒险"，让他们发挥想象力进行写作。

玩语言类游戏：玩猜谜语、词语接龙、绕口令等游戏，增强孩子对语言的敏感度和运用能力。

数学逻辑智能

数学和逻辑方面能力强的孩子，对计算、测量、推理、归纳、分类这些复杂数学运算感兴趣，他们喜欢积木，善于下棋，喜欢抽象的概念，也会构想出有秩序、有规律的幻想世界。比如《爱丽丝漫游奇境记》的作者刘易斯·卡罗尔就是一个数学家。他们适合的职业是：科学家、会计师、统计学家、工程师、电脑软体研发人员等。

怎么识别孩子数学逻辑智能的天赋？

这些孩子通常对数字敏感，喜欢玩数学游戏，如数数、比较大小。他们善于发现事物的规律，在解决数学问题或者玩拼图、积木等需要逻辑思考的游戏时表现出很高的兴致。

怎么培养有数学逻辑智能天赋的孩子？

进行数学实践活动：利用生活中的场景进行数学教学，如购物时让孩子计算价格、找零。在家里，可以让他们帮忙测量家具的尺寸，或者分配食物，了解分数的概念。

常玩逻辑游戏：玩棋类游戏（如国际象棋、围棋）、数独、逻辑拼图等，培养逻辑推理能力。这些游戏能够锻炼孩子的逻辑思维，让他们学会分析问题并寻找解决方案。

适当拓展数学学习：如果孩子对数学有浓厚的兴趣，可以提供一些课外的数学知识，如简单的几何原理、数学史等，拓宽他们的知识面。

空间智能

有这种天赋的孩子有准确感知视觉空间及周围一切事物的能力，并且能把所感觉到的形象以图画的形式表现出来。这项智能对色彩、线条、形状、形式、空间关系十分敏感。他们适合的职业是：室内设计师、建筑师、摄影师、画家、飞行员等。

怎么识别孩子空间智能的天赋？

有空间智能天赋的孩子可能喜欢涂鸦、画画，对色彩和形状有敏锐的感知。他们在搭建积木、组装玩具时能够展现出良好的空间规划能力，比如可以凭想象搭建出复杂的建筑结构。

怎么培养有空间智能天赋的孩子？

进行艺术创作活动：提供各种绘画工具，让孩子自由创作。还可以进行手工制作，如折纸、陶艺，培养他们的空间想象力和动手能力。例如，一起制作纸艺城堡，让孩子设计城堡的布局和外观。

玩空间探索游戏：玩一些与空间感知有关的游戏，如走迷宫、拼图，或者通过虚拟现实设备让孩子体验不同的空间场景。

日常空间审美熏陶：在日常生活中，引导孩子观察周围环境的空间布局，如房间的布置、街道的建筑等，并用语言描述出来，提高空间认知能力。

身体运动

有身体运动智能的孩子，善于运用整个身体来表达思想和情感，他们有着灵巧地运用双手制作或操作物体的能力。这项智能包括特殊的身体技巧，如平衡、协调、敏捷、力量、弹性和速度以及由触觉所引起的能力。他们适合的职业是：运动员、演员、舞蹈家、外科医生、宝石匠、机械师等。

怎么识别孩子身体运动智能的天赋？

这类孩子活泼好动。他们喜欢通过身体动作来表达自己，可能在体育活动、舞蹈或者角色扮演游戏中表现出色，身体协调性和平衡能力比较好。

怎么培养有身体运动智能天赋的孩子？

体育锻炼和运动项目：鼓励孩子参加各种体育活动，如足球、篮球、体操、游泳等，根据孩子的兴趣选择合适的运动项目，让他们在运动中发展身体技能。

舞蹈和戏剧表演：送孩子去学习舞蹈或者参加戏剧活动，通过身体的律动和角色扮演来发挥他们的身体运动智能。例如，让孩子在戏剧表演中通过肢体动作来诠释角色的情感。

动手操作任务：安排一些需要动手操作的任务，如手工制作、木工、园艺等，让孩子在实践中锻炼手部精细动作和身体的控制能力。

音乐智能

主要是指人能够敏锐地感知音调、旋律、节奏、音色等的能力。拥有这项智能的人对节奏、音调、旋律或音色的敏感性强，与生俱来就拥有音乐的天赋，具有较高的表演、创作及思考音乐的能力。他们适合的职业是：歌唱家、作曲家、指挥家、音乐评论家、调琴师等。音乐史上，贝多芬、肖邦，芭蕾舞剧音乐《天鹅湖》的作者柴可夫斯基等都是极具音乐智能的人。

怎么识别孩子音乐智能的天赋？

对音乐节奏和旋律有很好的感知，喜欢唱歌、哼唱曲调。他们可能对各种声音敏感，能够轻易地分辨不同的乐器音色，并且对音乐情绪有较强的感受力。

怎么培养有音乐智能天赋的孩子？

音乐学习与欣赏：让孩子学习一种乐器，如钢琴、吉他、小提琴等，或者参加声乐课程。同时，经常播放各种类型的音乐，和孩子一起欣赏，讨论音乐所表达的情感和意境。

音乐创作活动：鼓励孩子创作简单的音乐，如用打击乐器创作节奏，或者用简单的音符编写旋律。也可以让他们为故事、诗歌配乐，发挥音乐创造力。

音乐游戏：玩一些音乐游戏，如听音乐猜歌名、跟着音乐节奏跳舞等，增强孩子对音乐的兴趣和感知能力。

人际智能

主要是指能很好地理解人与人之间交往的能力。拥有这项智能的人善于察觉他人的情绪、情感，体会他人的感觉感受，辨别不同人际关系的暗示以及对这些暗示做出适当反应的能力。他们适合的职业是政治家、外交家、心理咨询师、公关人员、销售员等。

怎么识别孩子人际智能的天赋？

有人际智能天赋的孩子擅长与人交往，喜欢和小伙伴一起玩，能够很好地理解他人的情绪和意图。他们在团队活动中通常表现出领导才能或者很好的合作精神，比如能够协调小伙伴之间的关系，解决小冲突。

怎么培养有人际智能天赋的孩子？

把"情绪聊天"变成家庭日常活动：每天晚饭时玩"心情猜猜猜"，让孩子观察家人表情，猜猜谁今天开心/难过（比如指着爸爸说："你眉毛松开了，是不是项目通过了？"）。如果孩子年龄已经在小学高年级或者是中学，可以跟孩子探讨学校里老师同学的喜怒哀乐，用真实生活当教材，培养情绪洞察力。

把冲突变学习机会：多创造自然互动的机会，少说教。当孩子和玩伴产生矛盾时，别急着当裁判。先问："你这位同学为什么会说这样的话，做这样的事？"再启发："要是你是他，你会怎么办？"最后让孩子自己提出解决方案。当孩子表现出关心他人或化解矛盾时，及时用具体细节夸奖："你刚才蹲下来和妹妹说话的样子特别温柔。"日积月累，孩子自然能成长为善解人意的社交家。把每次小争执都变成换位思考训练场，培养孩子多角度看待问题的能力。

通过社会实践活动培养社交技能：比如，参加社区的义工活动，让孩子在帮助他人的过程中学会关心他人，理解他人的需求。或者，鼓励孩子参加学校的团队运动，如篮球、足球等，让他们学会在团队中协作，共同为胜利而努力。通过这些实践活动，孩子不仅能提升社交技能，还能在实践中学会如何处理人际关系中的冲突，如何与人开展良好的沟通，以及如何在团队中发挥自己的优势。

自我认知智能

自我认知智能是指善于自我觉察并据此做出适当行为的能力。这项智能能够认识自己的长处和短处，意识到自己的内在爱好、情绪、意向、脾气和自尊，有独立思考的能力。他们适合的职业是：哲学家、政治家、思想家、心理学家等。

怎么识别孩子自我认知智能的天赋？

这些孩子比较内向，喜欢独自思考。他们对自己的情绪和想法有清晰的认识，可能会经常问一些关于自己的问题，如"我为什么会生气？""我最喜欢做什么？"

怎么培养有自我认知智能天赋的孩子？

自我反思与日记记录：引导孩子进行自我反思，比如每天晚上让他们回顾一天的经历，思考自己的情绪变化和行为。可以让他们通过写日记的方式记录自己的想法和感受。

独立思考任务：提供一些需要独立思考的任务，如解决谜题、进行创意写作等，让孩子在独立完成任务的过程中更好地了解自己的思维方式和兴趣爱好。

兴趣探索与目标设定：帮助孩子发现自己的兴趣所在，鼓励他们设定自己的小目标，如读完一本厚书、学会一项新技能等，在实现目标的过程中增强自我认知。

自然认知智能

拥有自然认知智能的孩子善于观察自然界中的各种事物，有善于对物体进行辨别和分类的能力。他们有着强烈的好奇心和求知欲，有着敏锐的观察能力，能了解各种事物的细微差别。他们适合的职业是：天文学家、生物学家、地质学家、考古学家、环境设计师等。

怎么识别孩子自然认知智能的天赋？

有自然认知天赋的孩子对大自然充满好奇，喜欢观察花草树木、昆虫动物。他们可能会主动收集一些自然物品，如石头、树叶，并且对自然现象（如天气变化、季节更替）很感兴趣。

怎么培养有自然认知智能天赋的孩子？

自然观察与探索：经常带孩子去户外，如公园、郊外、自然保护区等，让他们观察自然环境。可以给孩子一个小任务，如寻找不同种类的树叶或者观察昆虫的生活习性，培养他们细致观察的能力。

自然科学实验与记录：在家里或者学校进行一些简单的自然科学实验，如种植植物、观察种子发芽，或者制作一个小型的生态瓶。让孩子记录实验过程和观察结果，从中学习自然科学知识。

自然主题学习：阅读关于自然的书籍，观看纪录片，围绕自然主题开展学习活动，如学习动物分类、生态系统等知识，拓宽孩子在自然认知方面的视野。

每个孩子都很难具备这所有的八项智能，他们通常会具备其中的一项或几项，如果给每项打分，我们可以看到每个孩子都有自己偏向的智能天赋。试想一下，如果我们让马尔克斯去弹钢琴，让莫扎特去写小说，他们又会取得同样优秀的成绩吗？恐怕不能。

每个孩子都是独一无二的，他们各自怀揣着独特的天赋与潜能。作为家长和教育者，我们要做的就是去发现和培养这些天赋和潜能再对其因材施教，让孩子的自我价值在天赋中绽放。

第 33 计

助人利他

在帮助他人中找到自己的价值

助人利他

假如孩子们从小就体验并享受到了助人的乐趣，那么他们在思考如何帮助他人时，会感到更加轻松，也会减少迷茫。

"人生真正的快乐，在于对他人有贡献，有帮助。"那些看似微不足道却充满爱意的小举动，是能够触动人心、传递正能量的，它们汇聚成一股强大的力量，让我们的生活充满意义与价值。

记得儿子上幼儿园时，有一天早上哭闹着就是不想去幼儿园。八点半了，老师看到心心小朋友还没有来，就打电话到我的手机上，老师对心心说："心心，还记得昨天你帮小兔子做的胡萝卜吗？它昨天吃了特别满足，开心了一晚上，今天早上眼巴巴地看着我，说还要吃心心小朋友做的胡萝卜，你什么时候过来啊！"其实老师的兔子是个毛绒玩具，胡萝卜也只是玩具，可是神奇的是，老师挂了电话，心心就着急地收拾自己的小书包，要我送他去幼儿园，说乐乐老师需要他，小兔子也需要他。现在回忆一下，儿子当时去上学的动力就是在幼儿园可以帮助他人的乐趣和从中获得的自我价值感。

在家庭教育中，家长可以从以下几个方面引导孩子从助人利他中找到自己生命的价值。

在校园里，做同学们的"小老师"

回忆起我的学生时代，最快乐的时光莫过于和同学们一起学习知识。当他们在学业上遇到困难时，我会毫不犹豫地伸出援手。数学、物理、化学……无论是哪一个学科，只要是我能解答的，我都会尽力去讲解。这种互动不仅让我巩固了自己的知识，而且也让我体验到了教学的乐趣。

在学校，孩子总有自己擅长的科目，也总有在成绩上不如自己的同学，家长可以引导孩子去做同学的"小老师"，帮助同学更好地完成功课。孩子回到家里，可以问他一句话："今天你给同学讲题了吗？"

在家中，做父母的"小帮手"

家，是每个人成长的摇篮。从小，我们就被父母教育要懂得感恩和回报。因此，在完成学业的同时，可以让孩子主动去承担家务劳动。无论是打扫卫生、洗衣做饭，还是照顾年迈的祖父母，孩子们都会乐在其中。这些看似琐碎的家务劳动，实际上是对家庭的重要贡献。我小时候非常乐意做家务，每当我看到父母因为我分担了家务而露出的欣慰笑容时，我都会感到无比幸福和满足。

在社会中，做公益事业的"热心人"

走出校园和家庭，孩子便是社会的一份子。社会公益活动是培养孩子社会责任感和公民意识的重要途径。我们可以引导孩子参与各种公益活动，如捐款捐物、环保行动、关爱留守儿童等。通过这些活动，孩子能够了解到社会的多样性和复杂性，并学会关心他人、关注社会。

在国家需要时，做"挺身而出"的公民

在国家需要的时候，作为国家的一份子，每个人都应该尽可能地为国家奉献出自己的一份力量，这种推动力无疑是巨大的。我们在教育孩子的过程中，可以借助这份家国情怀的推动力，助力孩子的学习成长。

奥运会期间，带着孩子一起关注体育比赛；国家发射火箭的时候，带着孩子关注火箭发射进程；爱国题材影片上映的时候，带着孩子看电影；到各地旅游的时候，带着孩子去

参观博物馆……这些都是涵养孩子家国情怀的方式。

　　日本著名心理学家岸见一郎在其作品《被讨厌的勇气》中说到，人生的"引导之星"是"他者贡献"，即我们如何为世界和他人做出贡献，这是实现个人价值的指南。它要求我们与外部环境建立良好的关系，并学会利他和助人。假如孩子们从小就体验并享受到了助人的乐趣，那么他们在思考如何帮助他人时，会减少迷茫并感到更加轻松。

第 34 计

博观约取

带着孩子
看世界，找自我

博观约取

在旅行中，孩子能学会尊重不同文化、理解不同观念，更加开放和包容地看待世界。同时旅行也锻炼了他们独立解决问题和应对挑战的能力，这让他们变得更加自信和勇敢。

当代诗人北岛说："一个人的行走范围，就是他的世界。"北岛的这句话触动了我。细数中外卓有成就的学者大家、英雄人物，他们都是读万卷书、行万里路的人，他们不仅仅存在于属于他们的时代，更存在于世世代代。

穿越沙漠、不怕风雨的探险家张骞；带着背包、翻山越岭的旅行家徐霞客；饮酒作诗、游遍天下的诗人李白；心怀人民、行走在民间的文人杜甫。

他们都是行走在路上的人，他们用实践告诉我们，只有不断地行走，才能发现更多的美好。他们的故事，就像一首首朗朗上口的歌，永远被传唱于大街小巷之中。

我常常思考，如何能让我的孩子不仅在家里和学校中成长，还能通过体验这个大千世界来拓宽视野、认识自我、博观约取呢？我选择了成为"当代孟母"，在教育的路上做路上的教育。

记得有一次，我带着孩子去了辽宁丹东，丹东就在鸭绿江畔，对面就是朝鲜。抗美援朝期间，中国人民志愿军曾在此为保卫祖国的安全和尊严而奋斗。如今，这里留下了许多英勇事迹，建造了纪念馆。当孩子在断桥上听到当地人讲朝鲜战争、讲冰雕连时，电影《长津湖》的场景在孩子脑海里重演，孩子们更深刻地感受到了课本上《谁是最可爱的人》一文所蕴含的情感与意义。

回家之后我们进行了总结，孩子说："每个时代都有人在忍辱负重，为国家奉献自己，在和平的时代，我们也要奉献自己。"在丹东学习，不仅是一次知识之旅，更是一次心灵之旅。

在家里讲这些英雄事迹和在真实的场景中去感知，两者带给孩子的触动是不一样的。在真实的场景中，孩子更容易进入内在世界，去探索生命存在的价值。

那么我们如何带着孩子去看世界呢？

一起做个计划

旅行的第一步就是规划。这些年流行"跟着课本去旅行",我们可以以学校课本中的名人故居为起点,与孩子一起制定旅行计划,让他们参与其中了解名人故居的文化、历史背景。这样的参与过程本身就是一个很好的学习过程。同时,我也会提前与孩子一起查阅相关的书籍和资料,让他们对要去的地方有更深入的了解和期待。

现场深度体验

除了参观名胜古迹,更要深入当地的生活。例如,我们可以学习当地的手工艺,参与志愿服务,或者与当地居民进行深入交流。这样的体验能让孩子更加真实地感受不同文化之间的差异和共同点。我还会鼓励孩子参加一些实践活动,如手工艺制作、农场劳作等。

记下来分享出去

鼓励孩子写日记、画画或拍摄视频,记录所见所闻。回家后,组织一个小型分享会,邀请亲友一起听孩子们分享他们的旅行故事。这不仅能锻炼孩子的表达能力,还能增强他们的自信心。同时,我也会与孩子一起整理旅行照片和日记,制作成旅行纪念册或视频,留下美好的回忆。

反思并再次学习

这点很重要，反思的过程是把路上看到的、听到的、感受到的与自己再次关联的过程。人被触动了，才会做出改变。我们可以在每次旅行结束后，与孩子一起回顾整个旅程，引导他们从中思考，思考如何将这些经验运用到日常生活中。回到家里，也可以把旅行写成日记，把照片洗出来，放到相册里，每次看到都会再次回顾、反思，多次锚定孩子内心对自己价值的确定。

哈佛学霸詹青云说："使唐僧成为唐僧的，不是经书，而是取经的那条路。"带着孩子旅行不仅是一次次的经历，更是他们成长的见证和心灵的滋养。在旅行中孩子学会了尊重不同的文化、理解不同的观念，以更加开放和包容的心态看待世界。同时旅行也锻炼了他们独立解决问题和应对挑战的能力，让他们变得更加自信和勇敢。

我立志成为"当代孟母"，深知教育问题任重道远，所以我将继续带着孩子踏上探索世界的旅程，让他们在不同的文化和环境中成长和学习。我相信通过这些旅行经历他们将更加了解自己，找到自己的兴趣和激情。同时我也希望通过我的实践能够启发更多的家长关注孩子的全面发展，注重培养他们的跨文化交流能力和全球视野，让他们在广阔的世界中自由翱翔。

第 35 计

美心育灵

美育,激发孩子精神深处的价值感

美心育灵

在现代化的教育中，美育的地位日益凸显。它不仅赋予孩子们艺术的感知力，更重要的是引领他们走向心灵深处、探索人生真谛。

2023年12月20日，教育部印发《关于全面实施学校美育浸润行动的通知》，旨在进一步加强学校美育工作，强化学校美育的育人功能，全面实施学校美育浸润行动。

现今，许多家长对孩子的艺术教育抱有功利心态。他们希望孩子通过艺术获得更多的机会，或者在升学时能够加分。这些想法无疑是对美育本质的扭曲。艺术是人类情感的出口，是心灵的食粮。我们每个人都有感知的能力，这是机器无法替代的。而美育，正是培养这种感知能力的最佳途径。

美育让孩子与作品产生共鸣

当孩子们沉浸式欣赏一幅画、听一首歌、看一部电影的时候,他们其实正在与作品背后的人、事、物产生共鸣。这种共鸣可以激发他们的感受力,让他们体会到作品背后更深的意义。而这种美好,正是源于生命本身的价值。

中国古代的诗歌就是很好的例证。正如岑参所言:"将军角弓不得控,都护铁衣冷难着。瀚海阑干百丈冰,愁云惨淡万里凝。"岑参通过深沉的诗句表达了对时局的担忧,让孩子在欣赏古代诗歌的同时,更能感受到价值观的深度。汉乐府《长歌行》:"青青园中葵,朝露待日晞。阳春布德泽,万物生光辉。"诗中用简洁的文字,描绘了大千世界的美景,劝诫世人惜时奋进。

当孩子们朗读这些诗歌时,他们的心灵也会受到触动。他们感受到了诗人的情感,体验到了诗歌背后的深沉思考。这就是美育的魅力,它可以穿越时空,让孩子们与古人产生共鸣,体验到人类共同的情感与思考。

美育引导孩子们在艺术中探寻人生的更高境界

通过审美的过程,孩子们能够体验到超越物质层面的美好,感悟到生命的深层次意义。中国古代诗人李白通过笔下的诗句,表达了对自然、生命的热爱。通过感受诗词之美激发孩子们对人生境界的向往和追求。著名艺术家文森特·梵高是一个将自己生命深度与艺术紧密结合的典范。他通过色彩斑斓的画作来表达内心情感，把对生活的独特感悟融入艺术中。现代艺术大师毕加索说："艺术不是复制现实，而是表达现实的一种方式。"毕加索通过他的艺术表达，让世界看到了他对生活、对艺术的独特理解，为孩子树立了追求个性与真我价值的榜样。

==那么，作为家长，如何引导孩子走上美育的道路，真正体验到艺术背后人生的价值感呢？==

艺术品鉴与哲思

我们要鼓励孩子多接触艺术，不仅仅是绘画、音乐，还包括电影、舞蹈、戏剧等。让他们在各种艺术形式中找到自己的兴趣所在，鼓励他们表达自己的感受和思考。与此同时，我们可以结合历史上的名人故事，让孩子们看到艺术家们是如何用自己的才华和努力创造出卓越的艺术成就的。这些故事将成为孩子坚持艺术道路的动力。

情感表达与自我认知

我们还可以引导孩子参与艺术创作。无论是绘画、写作还是音乐创作，都可以让孩子发挥想象力，表达自己的情感和思考。在这个过程中，他们将更加深入地探索自己的内心世界，找到与艺术的独特联系。同时，艺术创作也能培养孩子的耐心和毅力，使他们在面对困难和挫折时能够坚持不懈。

社会实践与责任感

我们还要引导孩子关注社会、关注生活。艺术不仅仅是个人情感的表达，更是对社会的关怀和思考。我们要鼓励孩子关注身边的人和事，用艺术的方式表达对社会的关注和思考。这样，他们的艺术作品将更具深度和内涵，更能触动人心。

美育不仅仅是艺术技能的培养，更是孩子精神世界的滋养。美育引导孩子发现内心深处的价值感，找到自己与这个世界紧密联系的纽带。让我们共同为孩子创造一个充满艺术和美的成长环境，让他们在艺术的熏陶下茁壮成长，成为有情感、有思考、有价值的人。

第 36 计

读书养志

24个要读书的理由

读书养志

读书本身就是一件开阔的事情。顺境时读书，它会赋予你奋进的力量和清醒的思考；逆境时读书，它能带给你开阔的视野与破局的勇气。

哈佛大学前校长德里克博克曾说过一句名言："If you think education is expensive,try ignorance!"——如果你认为教育的成本太高，那就试试看无知的代价。

读书本身就是一件开阔的事情。顺境时读书，它会赋予你奋进的力量和清醒的思考；逆境时读书，它能带给你开阔的视野与破局的勇气。世界读书日不仅仅是一次阅读的提醒，在这一天，我们既能向外看见更开阔的世界，又能向内看见一颗与世界同样宽广的强大内心。

跟孩子讨论**"为什么要读书"**，以下 24 个回答，总有一个打动你。

1. 读书，是为了让你成为一个有温度、懂情趣、会思考的人，是为了让你在跌宕起伏的生活中拥有处变不惊的内心，让你在未来能独自度过那些漫长幽暗的岁月而不怨天尤人。

2. 读书，是为了将来能和你的爱人，不只可以讨论柴米油盐酱醋茶，还可以谈论琴棋书画诗酒花。

3. 再精致的花瓶也有碎掉的一天，再美好的容颜也有老去的一天，唯有你读过的书、写过的字，会逐渐积累在你的身体里，变成你的财富。

4. 你的气质里，藏着你读过的书。你读过的书，经历过的事，时间长了，那些细枝末节你都忘了，剩下来的就成了你的气质。

5. 多读书并非为了雄辩和驳斥，而是在碰见问题的时候自己可以多一些思考和权衡，少一些盲从和轻信。你如果读了书，有了分辨力，有了自己的观点，就不会人云亦云了。

6. 读书，就是让自己变得辽阔的一个过程。

7. 读书是一种探险，如探新大陆，如征新土地。

8. 读书是灵魂的壮游，随时可以发现名山巨川、古迹名胜、深林幽谷、奇花异卉。

9. 读书可以改变容颜、塑造优雅的气质。三毛说：读书多了，容颜自然改变，许多时候，自己可能以为看过的许多书籍都成了过眼云烟，不复记忆，其实他们仍是潜在的。看过的书籍体现在气质里，在谈吐上，在无边的胸襟里，当然也会显露在生活和文字里。

10. 读书可以治疗孤独。一个爱书的人，他必定不缺少一个忠实的朋友，一个良好的老师，一个可爱的伴侣，一个温暖的安慰者。

11. 我读过很多书，但后来我忘记了大部分，那么阅读的意义是什么？当我还是个孩子的时候，我吃过很多食物，现在已经记不起来吃过什么了，但可以肯定的是，它们中的一部分已经长成我的骨头和血肉，已成为我身体的一部分。

12. 读书是最低成本的旅行。你可以通过看书，走遍天下的各个角落，结交不同的伟人名家。只要打开书，就随时打开了一个崭新的世界。

13. 人，为什么要读书？举个例子，当看到天边飞鸟，你会说："落霞与孤鹜齐飞，秋水共长天一色。"而不是说："哇塞，好多鸟。"当你失恋时，你低吟浅唱道："人生若只如初见，何事秋风悲画扇。"而不是千万遍地悲喊："蓝瘦，香菇。"

14. 读书犹如思维的健身操，不断挑战和重塑你的认知模式，让大脑肌肉在思索中变得更强壮，适应多变的世界。

15. 读书的根本目的是让自己明白世界，看清自己，让自己在无所依靠、无所事事的时候，有一种严肃力量推动你往前走。

16. 读书让自己的生命充满更多可能。《中国诗词大会》第三季的冠军雷海为，是一个外卖小哥，他酷爱诗词，闲暇时间都用来读书。在《中国诗词大会》的舞台上，他夺得冠军。董卿说："我们读过的每一页书，都会点滴汇聚成一条叫自我的河流，最后成就波澜壮阔、独一无二的人生。"

17. 毛姆说："阅读是一座随身携带的避难所。"读书，可以治愈一切迷茫。每一本书，都能帮你找到处理生活中某个问题的解药。

18. 书读得多了，真的可以改变命运。

19. 钱锺书先生说过："如果不读书，行万里路，也只是个邮差。"

20. 作家赫尔岑说："书籍是最有耐心和最令人愉快的伙伴，在任何艰难困苦的时刻，它都不会抛弃你。"

21. 当你被生活拖入泥潭时，读书，可以给你改变的底气，推动你向更好的人生靠近。

22. 莎士比亚说过：书籍是全世界的营养品，生活里没有书籍，就好像大地没有阳光；智慧里没有书籍，就好像鸟儿没有翅膀。生活的一切不解与疑惑，都能在书中找到答案。

23. 读书的第一要义是，获取知识，学习并继承人类长期累积下来的知识传统，实现并发挥人的求知本性，通过知识使人成为人的存在。

24. 读书是在"善"的形式下追求知识、实践道德修养，推动精神文明建设。

随着科技的飞速发展，人工智能（AI）已经悄然渗透到我们生活的方方面面，在这个充满无限可能的新时代，教育作为塑造未来社会的基石，也迎来了前所未有的变革。如何让孩子在享受科技带来的便利的同时，又能保持对学习的热情和好奇心，成为我们共同面临的课题。

因此，本章旨在探讨 AI 时代如何让孩子在玩乐中学习，享受学习的乐趣，同时培养他们的综合素质和创新能力。我们希望通过分享前沿的教育理念、实践案例和实用技巧，为家长和教育者提供有益的参考和启示，共同为孩子们打造一个更加美好、更加充满希望的未来。

第七章 AI时代,让孩子边玩边学

第 1 节
走出虚拟世界，走向现实之美

通过多元兴趣的启蒙，我们可以帮助青少年拓展视野，减少游戏成瘾的风险。面对手机成瘾问题，家长要做的不是"堵"，而是"疏"。

在数字时代，孩子可能会有大量时间在虚拟的游戏世界中度过，与现实世界逐渐疏远。然而，我们与其谴责游戏，不如通过另一扇窗口，打开他们对更广泛世界的探求之心。

本节将深入探讨如何通过多元兴趣的启蒙，让孩子们在真实的生活中找到更多的美好，减少游戏成瘾的风险。

兴趣探索活动：引导孩子发现现实世界的乐趣

"培养孩子的兴趣，就是为他们打开探索之门。"孩子的内心是一片未被探索的领域，充满了对世界的好奇。以好奇心为出发点，了解并引导这份好奇心是培养多元化兴趣的基石。在孩子独特的探索旅程中，我们或许会发现他们的天赋和激情，这也是他们与世界建立联系的桥梁。

有一次，教育家陶行知听到朋友抱怨："我那小子把我珍贵的金表拆了，觉得好玩。"陶行知好奇地问朋友："那你是怎样处理的？"朋友回答道："我把孩子痛打了一顿，下次他再也不敢了！"陶行知听罢此言，大声地惊叹道："你这样扼杀孩子的好奇心，恐怕中国的爱迪生都被你枪毙掉了！"朋友被陶行知的话吓呆了，一时哑口无言。

过了一会儿，陶行知建议他说："不过，补救的办法还是有的，请你把孩子和金表一块送到钟表铺去，让孩子在旁边看他如何修理。这样，修表铺成了课堂，修表匠成了先生，孩子成了学生，修理费成了学费，孩子的好奇心也可以得到满足。"陶行知在对待孩子好奇心的态度上给我们启发，孩子的好奇心就是一个引子，引着孩子探索现实的世界。

比如，我的孩子喜欢抓虫子养在瓶子里观察，一看就入迷。我就给他们买了一套法布尔的《昆虫记》，他俩反反复复读了好多遍。我们外出玩耍的时候，一说某个地方有各种虫子，他们就很开心。现在上初一，生物课成了他们最喜欢的课程。

人文境教之旅：从文化自知到文化自信

"读万卷书，行万里路。"人文教育不仅涵盖了文学、艺术、历史、哲学等多个领域，还能促进个人的情感发育。人，总是要找个榜样去学习效仿。在我们中国这片土地上，几千年的华夏文明中，有太多有人格魅力的人物出现。他们都曾经脚踏中国的土地，仰望中国的天空，感受中国的空气。带着孩子走访名人故居，与历史中记载的古人时空互联，是一大乐事。

我曾经带着孩子去成都的都江堰进行一场人文境教之旅，我们带着一群孩子去感受两千多年前李冰父子在面对洪水泛滥成灾的岷江时的绞尽脑汁，感受这个伟大的世界级水利工程的诞生过程。孩子们在轰鸣如雷的水声中默默向李冰祭奠，致敬他一生无私的奉献，换来百姓永世的福泽。

有个孩子分享："李冰的奉献精神会代代传承，那轰鸣的江水，便是至圣至善的遗言。"另一孩子分享道："看上去是人治理了水，实质是人领悟了水、顺应了水，达到了人水和谐。"这些体验和感受是在手机里看多少视频都不会发生的，走进山水中，才能切身体验到与这片山水相关的人，而这些人身上独特的人格魅力也将会浸润孩子的品格。

在行走中，我们唤醒了他们对人文历史的独特感知，使他们的眼界不再局限于虚拟的幻想，而是拥抱更为真实的美。孩子在了解自己的文化根源和历史背景中，唤醒了文化自知，增强了文化自信，对现实生活更加乐在其中。

户外探险计划：远离虚拟世界

"无探险，不青春。"户外活动是一场真实的冒险，是对大自然的探索，也是对自我的挑战。著名的心理学家菲利普·津巴多教授说："环境可以逐渐改变一个人的性格，而情境可以立刻改变一个人的行为。"

这些年流行沙漠徒步和探险类的活动。青春期的孩子可能不愿意出去旅行，可是叫他去参加户外探险类的活动，他就来了兴趣。在没有现代科技的野外，人底层的求生动力就会被激发出来。人们会调动所有的能量来应对户外的各种挑战，在各种应变中，人们的自我效能感在逐渐增长。

有一次，我带着几个十几岁的孩子兴致勃勃地去爬野山，大家需要自己摸索上山路线，而且会有各种小生物出现在身边。突然打头的孩子喊了一声："有蛇！"队伍中一个女孩马上尖叫起来，其实我心里也很害怕。但作为带队老师，我还是克服恐惧走到前面查看，果然有条灰青色、大拇指粗的蛇弯曲着盘在前面，面对这不速之客，大家都不知所措。这时候，我们队伍里一个戴眼镜的高个子男生低声说道："大家别慌，保持安静，不要有动静。"我们都屏住呼吸，大概停了一分钟，男孩从地上轻轻地拾起一个木棍，扔到蛇后方大概半米的地方，没想到小蛇受到惊吓，快速滑走了。

队伍里的孩子冲着男孩竖起了大拇指，男孩自信地拍了拍胸脯。我们心里也很欣赏他，怎么就这么有智慧呢？孩子在野外会遇见各种各样突如其来的问题，在不断地遇见问题解决问题的过程中，不仅孩子们充满乐趣，成人也是向往不已。当孩子们对这样的野外游戏"上瘾"时，就会觉得虚拟世界没意思了。

志愿者体验：培养责任感和社会意识

通过为社会作贡献，孩子能够体验到帮助他人的快乐，同时也培养了他们的责任感和社会意识。通过为他人付出，孩子能够更好地理解社会，找到自己在其中的价值。

我们的家庭教育课堂上，总是有青少年穿上绿色的马甲来做志愿者。他们有的帮助签到，有的准备茶歇，有的配合老师上台互动，有的孩子甚至可以担任DJ、分享嘉宾这样重要的角色。在这个过程中，孩子感受到了价值感和成就感，并且看到成年人也在学习的时候，慢慢明白终身学习的意义。

通过多元兴趣的启蒙与培养，我们能够积极引导青少年拓宽他们的视野，这样不仅丰富了他们的精神世界，还能在潜移默化中减少游戏成瘾的风险。这个过程中，关键在于发现并激发孩子们对不同领域的好奇心和热爱，无论是艺术、科学、体育运动，还是社会服务与团队协作，每一项活动都可能成为他们探索世界的新窗口。

第 2 节
家庭教育原则：统一战线

"家庭是孩子人生中的第一所学校。"在这所学校中，我们每个人都在学习如何更好地与他人沟通和理解他人，以及如何共同解决问题。

当下，几乎每个稍大一点的孩子都拥有自己的手机或平板电脑。家庭成员关于孩子如何使用电子设备的种种问题，意见常常不一样，有的家长甚至因为孩子使用手机的问题引发家庭大战——父母与孩子争吵，夫妻之间发生争执。那么，如何妥善处理家人对孩子使用手机的意见分歧呢？全家统一战线很重要！

关于孩子使用手机的问题，为什么全家要统一战线？因为，如果父母之间，父母和祖辈之间，持有不同的看法和立场，孩子很容易钻空子，导致家庭规则形同虚设，甚至引发更多家庭矛盾。

例如，妈妈不允许孩子玩手机，可当妈妈不在家时，爸爸毫无原则地把手机给孩子玩，允许孩子刷视频、玩游戏；

或者，父母好不容易跟孩子约定好玩手机的时间，结果爷爷奶奶可能因为拗不过孩子的纠缠，背地里又悄悄把手机给了孩子……类似的情况，都会导致父母的教育努力付诸东流，还可能让孩子在手机问题上变得越来越失控。

所以，想要管好孩子使用手机的问题，全家首先要统一战线，共同制定规则，并一起坚定地执行下去。

召开家庭会议，统一认知

全家人一起，就孩子使用手机的问题，召开家庭会议，通过讨论，达成统一认知，明确手机使用的规则，并且全家都要遵守，尤其是大人，要做好表率，不能随意破坏规则。

在会议上，家人之间要充分沟通和交流，尤其是要充分交换家人之间的不同意见和看法并达成共识。例如，有的家人可能认为，孩子玩玩手机没关系，但有的家人认为，孩子玩手机会影响视力、学习和性格等，一定要严格管控。遇到这种情况，家人要共同分析孩子使用手机的利弊，然后基于家庭的实际情况和孩子的特点，共同制定一份手机使用规则，包括"什么时候可以用手机""每天用多久""用来做什么"等。

大人做好榜样，带头遵守规则

孩子对手机的认知源于模仿，孩子对手机的态度是对父母习惯的镜像反应。家长的行为是最生动的教科书,我们首先应该明白减少手机使用频率并非是规定"远离与禁止",而是让手机在孩子面前回归工具本质。在日常生活中,父母应尽量避免在孩子面前刷短视频或玩游戏,尤其在陪伴孩子的"精心时刻",如吃饭、进行户外活动、玩手工游戏时,要彻底放下手机。如果遇到必须处理的工作消息,明确告知孩子"妈妈需要用手机处理一件重要的事,5分钟后结束"。处理完毕之后,放下手机继续与他互动。父母应先帮助孩子建立手机是工具的认知,再让孩子无形之中了解大人是如何在生活中使用这种工具的,同时也展示大人是如何平衡电子产品在工作、生活与休闲娱乐之间的关系的,如果大人自己都管理不好手机的使用问题,自然也无法成为孩子的榜样。

当我们在孩子面前放下手机捧起书本,关闭短视频App,便是在书写关于"如何与数字世界共处"的最佳答案。一个家庭无论怎么选择应对措施,本质都是对"以身作则"的践行——我们怎样生活,孩子便怎样成长。

分析孩子的特点,制定针对性规则

针对不同年龄段儿童的发展特点,父母在管理手机使用时也需要根据孩子自身的情况来采取策略,让手机的使用与孩子健康成长的需求相平衡。但我们需要明白的是,这些都建立在给到孩子高质量的陪伴之上。

3岁以下的孩子其实是没有手机使用需求的，手机对于他们来说可能只是一个发光发声的物体。他们在这一时期处于感官和语言能力的关键发展期，在这一阶段更重要的是大人要摆脱对于手机"早教功能"的依赖，让"早教"落实在实体互动中，比如提供触觉书、响铃、积木、沙盘等实体玩具，以促进婴幼儿的大脑神经发展；大人要用夸张的表情和儿歌互动取代电子设备的音频刺激，增强婴儿对人脸和语言的感知能力；更重要的是家长要知道，高质量的亲子陪伴，会更好地发展孩子的情感功能。

3—6岁的孩子逐渐进入模仿期，这时大人的示范极其重要。这个时期大人可以用自己的行为来帮孩子建立对于手机的认知，在陪伴时彻底放下手机比制定任何规则都重要。我们可以通过刻意设计家庭环境，让手机在生活中的参与度变低，让他们感受到手机只是个日常工具，并不是时刻都需要的东西。可以设立"无手机区"（如儿童房、餐桌），全家共同遵守。用闹钟、手表替代手机的显示时间功能。

6岁之后进入学龄阶段的孩子，在现在的数字化教学氛围里不得不使用手机、平板电脑等工具来完成学习任务、打卡计划。大人害怕孩子借学习的由头沉迷于游戏、短视频，开始限制他们的使用时间，其实这并非明智之举。先放下对手机的恐惧，试着让孩子自己规定使用手机的时间，互相监督执行。通过共同制定使用手机的规则，帮助孩子理解合理使用与过度沉迷的界限。对待必将到来的事情，最好的方法一定不是"堵"，而是学会共处，让他们在未来也拥有自主管理的能力。这样，手机才不会成为洪水猛兽，而是成为人们的便利工具。

随着孩子年龄逐渐增长到青春期阶段，他们会因为手机变成重要的社交工具和资讯窗口而逐渐加深对手机的依赖。在这个时候大人先不要急着给孩子打上"上瘾"的标签，而是在确立原则的基础之上给他自主安排的时间，比如在使用时间上跟他约定一周之内使用手机的时间上限是多少小时；可以借助手机与朋友联络，同时告诉孩子，友谊是在生活中的相处中增进的；教孩子学会区分别资讯的好坏，通过浏览手机里的优质资讯打开眼界，让他明白手机可以是助力他的工具，而不止是承载着娱乐功能的玩具。

因此，在管理手机这件事上，最重要的是大人以身作则管理好自己的手机使用问题，同时帮助孩子建立对手机的正确认知：使用工具，而不是被工具牵着走。

借助外力监督，共同执行规则

制定规则容易，执行起来却不简单。全家人一起制定的规则，有时候仅靠自觉遵守还不够，还需要借助外力来进行监督。例如，父母可以跟孩子约定，请爷爷奶奶、外公外婆等长辈，来监督大家遵守手机使用规则的情况。

如果发现有人违反了规则，可以进行适当的惩罚，比如做俯卧撑或跳绳，既是惩罚，又锻炼了身体。如果遵守得好，也可以给予适当的奖励，如得到一个小礼物或满足一个小愿望等。

我认识一位家长，是利用家里的"摄像头"进行监督的，如果在执行上有分歧，他们会调出摄像头的录像来查看。有人违反规则，将坚决执行惩罚。

在这里需要提醒家长的是，在执行时，我们可以增加点幽默感，有人违反时，切记不要像法官一样，严肃且冷冰冰，可以幽默地表态，但必须严格地执行惩罚。

关于孩子使用手机的问题，即使全家人事先达成了统一战线，**但在实际执行过程中，也难免会出现意见不统一的情况，这时应该怎么办呢？**

当家人之间出现意见不统一时，首先要冷静下来，不要急于争吵和辩解，否则很容易让问题变得更加复杂和棘手。

冷静下来之后，家人之间要相互倾听对方的观点和想法，试着理解对方的立场和意见，然后一起寻找共同点，看看有哪些方面是大家都能接受的。

在倾听和理解的基础上，家人之间可以进行适当的妥协和调整，对原先的规则进行一些修改和完善，以达成共识。

达成共识之后，全家人要一起坚定地执行新的规则，并且根据实际情况及时进行调整和完善。

我们也要意识到，家庭教育是一项长期的任务，需要所有家庭成员不断地付出努力和耐心。让我们一起努力，为孩子们创造一个健康、和谐的成长环境。

第 3 节
AI 时代，孩子的核心竞争力

在 AI 时代，家长要注重培养孩子的综合能力，让他们拥有创新思维和创造力、批判性思维能力、人际交往和情感沟通能力、解决复杂问题的能力、情感交流与共情能力、适应变化和持续学习的能力等核心竞争力。

近年来，AI 的发展速度十分惊人，在不少领域已经超越了人类。比如，2016 年，AlphaGo 战胜了世界围棋冠军李世石；2017 年，机器人参加了高考，并且成功考取了不错的大学；2019 年，号称"AI 赌神"的 Pluribus 在德州扑克中碾压了人类玩家……

有人预测：未来 20 年，将有 47% 的工作被人工智能取代，尤其是那些简单重复、不需要思考就能完成的工作。有很多家长因此感到恐慌，担心孩子大学毕业即失业，担心孩子未来没有出路。

其实，我们不必太过悲观，因为 AI 虽然能取代人类的部分工作，但无法取代全部。有些能力是机器永远无法具备的，这也是我们人类的核心竞争力。

创新思维和创造力

AI 可能会承担许多重复性和规律性的工作，但创造力是人类特有的优势。比如 AI 画画、AI 设计，AI 都可以代替一部分工作，但成果看着总是有拼凑的感觉，缺少人性化。未来是一个充满变数的时代，它呼唤着孩子拥有创新思维和创造力，鼓励孩子发挥想象力，勇于尝试新事物，培养他们的创新思维，这样才能更好地应对各种挑战和问题。那些墨守成规、不懂变通的人，注定会被时代淘汰。

所以，家长一定要保护好孩子的想象力和创造力，鼓励他们大胆想象、勇敢尝试、勇于创新。当孩子有一些新奇的想法时，不要急于否定，而是要耐心倾听并给予积极的反馈和引导。同时，还要多给孩子提供一些可以发挥想象力和创造力的机会和环境，比如让他们多接触不同的艺术形式和活动、多参与一些需要动脑筋的游戏和挑战等。

带孩子去户外徒步时，可以多引导他们观察和思考：为什么树叶的形状各不相同？为什么石头上的花纹如此奇特？如果让孩子来设计一种新型的交通工具，他们会怎么设计呢？

另外，在阅读方面，尽量少给孩子看一些固定思维的书籍，比如，那些告诉孩子"标准答案"的书籍；相反，可以多给孩子看一些开放式的书籍，尤其是那些充满想象力的童话故事、科幻故事等，这些都有助于激发孩子的想象力和创造力。

批判性思维能力

在信息爆炸的时代，AI 虽然能提供大量信息，但信息并非都是准确和可靠的。批判性思维能帮助孩子辨别信息的真伪和价值，而不是盲目依赖 AI 提供的信息。AI 也会出错误，也会有不良的导向，孩子拥有批判性思维，就可以辩证地来看这些信息，不会随波逐流，而是保持自己的见解。

比如说，孩子在网上看到"玩某个游戏能快速提高学习成绩"。有批判性思维的孩子可能会如此行动：首先，思考游戏和学习成绩之间的逻辑关系，以及是否有科学依据证明这种联系。其次，查看其他玩家的评价和反馈，是不是真的都提高了成绩。最后，想想自己平时的学习经验，思考玩游戏是否真的对学习有帮助。

没有批判性思维的孩子可能就会马上相信，沉迷于这个游戏，结果不仅没有提高成绩，还影响了正常的学习和休息。

培养孩子的批判性思维也有助于孩子独立思考，在新的知识和观点不断涌现出来的时候，孩子也可以不断更新自己的认知，以应对未来复杂多变的社会环境。

人际交往和情感沟通能力

虽然 AI 可以模拟交流，但人与人之间真实的情感连接和深度的人际互动是无法被替代的。虽然有些智能机器人可以模仿人类的情感和表情，但那只是一种程序设定，并不是真正的情感体验。

让孩子学会理解他人的情感，善于表达自己的感受，建立良好的人际关系，对他们的身心健康和未来发展至关重要。所以，家长一定要学会培养孩子的情感交流和共情能力：

培养孩子的情感交流和共情能力的方法

学会倾听和理解孩子的感受和需求，给予他们足够的关爱和支持。

教会孩子如何正确表达自己的情感和想法，如何与他人建立良好的沟通和合作关系。

引导孩子去关注他人的情感和需求，培养他们的同理心和善良品质。

解决复杂问题的能力

AI 能够提供大量的信息和数据，但面对复杂、独特的现实问题，例如突发的自然灾害、社会危机等情况，仍需要人类进行综合思考和灵活应变。并不是每个问题，AI 都有对应的规律性模型来解决。

儿子初一时,学校组织他们班的同学策划一次社区环保活动。活动需要考虑到很多复杂的因素,比如如何吸引社区居民的参与,怎样合理安排活动的时间和地点,如何宣传才能让更多人知道,活动过程中如何确保安全,怎样对垃圾进行分类处理等。

在这个过程中,同学们需要自己去思考、规划和协调,而不能单纯地依靠AI。

他们会分组进行讨论和分工,有的负责设计吸引人的宣传海报和标语,有的去联系社区管理部门争取场地支持,有的制定详细的活动流程和安全预案。最后活动得到了社区居民的一致好评。这一系列的流程是AI无法替代的。

实践锻炼了孩子解决复杂问题的能力,他们学会了团队合作、沟通协调以及应对各种突发情况。

适应变化和持续学习的能力

在AI时代,知识的更新速度非常快,一个人如果不具备终身学习的意识,就很容易落后于时代。所以,家长一定要注重培养孩子终身学习的意识,让他们明白学习是一生的事业,只有不断学习才能不断进步。比如家长要给孩子树立一个终身学习的榜样,让他们看到父母也在不断地学习和进步；引导孩子关注社会发展和科技动态，让他们了解新知识和新技能的重要性；鼓励孩子多参加一些学习活动和培训课程，让他们在实践中感受到学习的乐趣和成就感。

除了以上几种能力外，家长还可以根据孩子的兴趣和特长，着重培养他们的某种特殊技能或才艺，如音乐、绘画、体育等。这些技能或才艺不仅能够丰富孩子的课余生活，还能够提升他们的自信心和竞争力。

在 AI 时代，家长可以为孩子提供一个更加全面、均衡的发展环境。这将有助于他们在 AI 时代中具备必要的技能，拥有强大的内心和独特的个性，从而在竞争激烈的未来社会中脱颖而出。

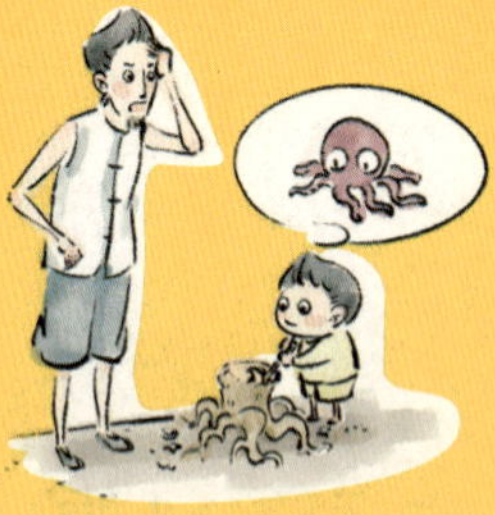

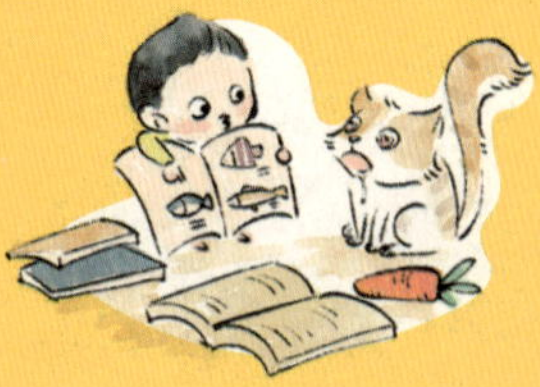